AF503879

ANALYSE

DU

CODE PÉNAL

TABLE SYNOPTIQUE ET RAISONNÉE

DES DÉLITS ET DES PEINES

PAR

FÉLIX BERRIAT-SAINT-PRIX

AVOCAT, DOCTEUR EN DROIT

PARIS

COTILLON, LIBRAIRE DU CONSEIL D'ÉTAT

6, RUE SAINT-HYACINTHE-SAINT-MICHEL, AU COIN DE LA RUE SOUFFLOT, 23

1855

ANALYSE

DU

CODE PÉNAL

ANALYSE

DU

CODE PÉNAL

TABLE SYNOPTIQUE ET RAISONNÉE

DES DÉLITS ET DES PEINES

PAR

FÉLIX BERRIAT-SAINT-PRIX

AVOCAT, DOCTEUR EN DROIT

PARIS

COTILLON, LIBRAIRE DU CONSEIL D'ÉTAT

6, RUE SAINT-HYACINTHE-SAINT-MICHEL, AU COIN DE LA RUE SOUFFLOT, 23

1855

Personne n'ignore combien il est malaisé de graver dans la mémoire les dispositions pénales.

Cette difficulté tient à plusieurs causes.

Toute loi qui prononce une peine déroge au principe de la liberté; elle apporte une restriction inévitable à la libre disposition de la personne et des biens. On ne saurait donc faire, pour le Code pénal, ce qu'on a fait pour le Code civil (1), et rattacher le plus grand nombre des articles à un principe générateur, d'où le jugement puisse les déduire, au besoin, sans le secours de la mémoire. Les nombreux jurisconsultes qui veulent que la morale et le droit naturel soient imprimés tout d'une pièce dans tous les esprits, n'iraient pas jusqu'à dire que le sens interne suffise à discerner, dans quels cas il convient d'infliger l'amende, dans quels cas l'emprisonnement.

Non seulement la peine varie, mais la durée de la peine et son intensité changent sans cesse. Qui pourrait se flatter de retenir sûrement les taux des amendes et les divers *maximum* des peines correctionnelles?

Le style embarrassé et redondant des lois pénales ne vient pas en aide à ceux qui les étudient. Le législateur, préoccupé de la crainte de laisser échapper quelque combinaison coupable, entasse les synonymes, accumule les pléonasmes pour saisir tous les déguisements de la fraude et déjouer les subterfuges des accusés. On trouve accolés, dans le Code, les meubles et les effets mobiliers, les domaines et les propriétés, les obligations et les effets obligatoires, les quittances et les décharges, les possesseurs et les détenteurs, les agents et les préposés, l'usage et l'emploi, les ustensiles et les instruments. La disette de substantifs techniques suggère aux rédacteurs de lourdes périphrases : « Quiconque aura détourné ou dissipé, toute personne qui aura commis un outrage, tout individu qui aura incendié, tous ceux qui auront établi ou tenu des maisons...., seront punis.... »

(1) V. mes *Notes sur le Code civil,* au mot « déduction », placé sous chaque article.

Parfois la détermination de la peine oblige à des recherches : tel article se réfère à un second qui vous reporte à un troisième (1) ; telle disposition importante renvoie le lecteur à une décision secondaire.

Enfin les dispositions abrogées se multiplient tous les jours. Au lieu de suivre la méthode judicieuse qui consiste à introduire les réformes dans le texte même des Codes, en conservant, s'il est possible, le numéro des articles, on promulgue des lois éparses dont la combinaison avec la loi principale fatigue les jurisconsultes les plus expérimentés.

Tant d'obstacles font voir comment une longue pratique est nécessaire pour inculquer d'une manière durable les deux derniers livres du Code pénal.

J'ai toujours pensé que le moyen le moins inefficace de vaincre ces difficultés consiste à reproduire, dans une sorte de tableau, le résumé synoptique du délit et de la peine. L'écueil du genre est dans l'oubli de quelqu'un des caractères constitutifs des infractions ; oubli auquel expose surtout la substitution continuelle d'un nom à la périphrase législative. J'ai tâché, dans l'opuscule que je publie, de n'omettre aucun élément essentiel de l'incrimination, et de noter les controverses qu'elle engendre. Le texte de la loi, que le lecteur ne perdra pas de vue, complètera toujours en dernier ressort les énonciations insuffisantes.

Mon travail a deux faces : il définit et énumère d'abord les *délits*, en suivant la classification légale, et place en regard la peine ; puis il énumère les *peines* à leur tour, selon leur degré de sévérité, et rappelle brièvement les délits auxquels chacune est attachée. La seconde table, plus exacte, je l'espère, que les essais antérieurs du même genre, sert à contrôler les résultats de la première. Le dépouillement minutieux auquel je me suis livré, a son utilité d'ailleurs, au point de vue de la législation : il permet d'apprécier plus facilement les critiques et les réformes dont est susceptible le Code pénal.

(1) C'est ainsi que, dans un autre ordre d'idées, le S.-C. du *douze* décembre 1852, rendu en exécution du S.-C. du *vingt-cinq* décembre, renvoie au S.-C. du 28 floréal an XII, qui à son tour, renvoie au décret du 26 mai 1791. *V.* mon *Droit const.*, p. 801.

TABLE DES INFRACTIONS

OBSERVATIONS PRÉLIMINAIRES

En parcourant la table suivante, on se rappellera perpétuellement quatre règles :

I. Il y a *aggravation* de la peine, en cas de récidive (C. pén., art. 56 à 58) ; lorsque le coupable est fonctionnaire public (art. 186, 198) ; lorsque l'auteur d'un délit contre la propriété est officier de police (art. 462).

II. Il y a *extension* de la peine, contre les complices (art. 59) ; contre ceux qui fournissent un lieu de retraite, dans certains cas (art. 61) ; contre les recéleurs (art. 62), sauf quelques restrictions (art. 63) ; contre les chefs ou provocateurs de réunions séditieuses, avec rébellion ou pillage, quand il s'agit de crimes ou délits qui produisent une lésion corporelle (art. 313). *V.* aussi art. 178, 191, 203, 206.

III. Il y a *diminution* de la peine, quand l'auteur a moins de 15 ans (art. 67) ; quand il a plus de 60 ans, s'il s'agit des travaux forcés (*loi* du 30 *mai* 1854, 5) ; ou plus de 70, s'il s'agit de la déportation (art. 70, 71) ; toutes les fois que le jury ou le tribunal correctionnel admettent des circonstances atténuantes (art. 463). La peine est encore diminuée, dans certains cas, au profit des recéleurs (art. 63).

IV. Il y a *suppression* de la peine, quand l'auteur est en état de démence, ou quand il a été contraint par une force irrésistible (art. 64 ; *V.* art. 327 à 329).

On trouvera plus loin le tableau de la plupart des aggravations et des atténuations. *V.* l'analyse de l'art. 463, et celle des livres I et II, à la suite du livre IV, pages 52 à 57.

Des caractères spéciaux tels que ceux-ci : **mort**, **emprisonnement**, signaleront les peines que le jugement doit prononcer, et que je place ordinairement dans une première colonne. Les peines qui sont encourues de plein droit, comme conséquences légales de la condamnation, sont en caractères différents, et toujours dans la seconde colonne. Je range parmi elles les incapacités que je crois pouvoir nommer *pénales*, car elles n'atteignent le coupable qu'à raison de son crime ou de son délit.

La condamnation à une peine perpétuelle n'emporte plus la mort civile, depuis la loi du 31 mai 1854 qui abroge l'art. 18 du Code pénal. *V.* l'analyse critique de cette loi dans mes *Notes sur le Code civil*, p. 497 et suivantes. Son vice le plus grave est de rendre indissoluble le mariage contracté avec un parricide, un incendiaire, un empoisonneur... !! *Comp.* C. civ., 25-8° et 232.

La dégradation civique et l'incapacité de donner ou de recevoir durent jusqu'à la réhabilitation. L'interdiction légale dure autant que la peine afflictive.

Le signe ——, placé au-dessous d'une peine, signifie que la même pénalité s'applique à l'infraction suivante.

LIVRE III DU CODE PÉNAL

TITRE Ier.

CRIMES ET DÉLITS CONTRE LA CHOSE PUBLIQUE.

CHAPITRE Ier. — **Contre la sûreté de l'État.**

SECTION Ire. *Contre la sûreté extérieure.*

Port d'armes par un Français contre la France, *Code pénal* 75 ; *v. loi* du 31 *mai* 1854.	**Mort**	Dégradation civique * Interdiction légale ** Incapacité de recevoir ***
Machinations ou intelligences *avec puissance étrangère*, pour l'engager à des hostilités, lui en donner les moyens ou seconder le progrès de ses armes, soit contre la France, soit contre ses alliés combattant un ennemi commun, 76, 77, 79.	————	————
Communication à l'ennemi d'*instructions nuisibles* à la France ou à ses alliés, 78.	**Détention** 5 à 20 ans.	Dégrad. civique Interdict. légale Surveill. à vie.
Livraison à l'étranger *du secret* d'une expédition ou négociation, par personne instruite de ce secret à raison de son état, 80, *v.* 76.	**Mort**	Dégrad. civique Interdict. légale Incap. de recev.
Livraison, par dépositaire public ou par personne qui les possède frauduleusement, *de plans* de fortifications ou rades, soit à l'ennemi, 81-1°, 82-1° ;	————	————
soit à puissance neutre ou alliée, 81-2°, 82-1°.	**Détention** 5 à 20 ans.	Dégrad. civique Interdict. légale Surveill. à vie.
Livraison des mêmes *plans* par personne qui les possède sans mauvaises voies, à l'ennemi, 82.	**Déportation** simple.	Dégrad. civique Interdict. légale Incap. de recev.

* La dégradation civique frappe le condamné à mort qui s'évade, du jour où la sentence est devenue irrévocable ; elle frappe le contumax, du jour de l'exécution par effigie. Code pénal, 28 ; *loi* du 31 *mai* 1854.

** L'interdiction légale paraît atteindre le condamné à mort qui s'évade, malgré la rédaction équivoque de l'art. 29 du Code pénal (..... pendant la durée de *sa peine*.....) ; mais non le condamné par contumace, à cause du séquestre ordonné par le Code d'instruct. crim. art. 471, 475. La loi du 31 mai 1854 est muette sur ces deux points qu'elle aurait dû résoudre. Elle devait dire aussi quels sont les effets de l'interdiction, pour trancher d'interminables controverses.

*** Le condamné est également incapable de donner ; son testament est rétroactivement annulé. L'incapacité de donner et de recevoir date du jugement contradictoire ; elle agit donc avant l'exécution ou l'évasion ; on pourrait soutenir qu'il en est autrement de l'interdiction, dont la loi de 1854 a oublié de fixer le point de départ. V. C. pén. 29. En cas de contumace, l'incapacité opère 5 ans après l'exécution par effigie. Comparez la note *.

Livraison des mêmes *plans*, par personne qui les possède sans mauvaises voies, à puissance neutre ou alliée, 82, 49.	**Emprisonnement** 2 à 5 ans. **Surveillance** de la police,	temps de l'emprisonnement?*
Action de *recéler* sciemment des *espions*, 83.	**Mort**	Dégrad. civique Interdict. légale Incap. de recev.
Actions hostiles non autorisées, exposant l'État à une guerre qui s'en est suivie, 84.	**Déportation** simple.	————
Mêmes actions, non suivies de guerre, 84.	**Bannissement** 5 à 10 ans.	Dégrad. civique Surveillance 48.
Actes non autorisés exposant des Français à *représailles*, 85.	————	————

SECTION II. *Infractions contre la sûreté intérieure.*

§ Ier. — Contre le chef du pouv. exéc. et sa famille **.

Attentat contre la personne du chef du pouv. exéc., 86-1°, 13, 88.	**Mort** avec appareil.	Dégrad. civique Interdict. légale Incap. de recev.
Attentat contre la *vie* des membres de sa famille, 86-2°, 88.	**Mort** pure et simple.	————
Attentat contre leur *personne*, 86-3° (*loi* du 10 *juin* 1853), 88.	**Déportation** dans enceinte fortifiée	————
Offense publique envers sa personne, 86-4° (*loi* de 1853), 42, 49.	**Emprisonnement** 6 mois à 5 ans. **Amende** 500 à 10,000 fr. **Interdict. civ.** *** **Surveillance** *	0 ou temps de l'empris. temps de l'emp?

* En effet, si l'infraction était assez grave pour entraîner le bannissement, le coupable ne serait sous la surveillance que pendant un temps égal à la durée de la peine (art. 48) ; à plus forte raison, s'il y a simple délit. Les mots *sous la même surveillance*, dans l'art. 49, se réfèrent plutôt à l'art. 48 qui précède immédiatement, qu'à l'art. 47. — Selon MM. Chauveau et F. Hélie, dont l'interprétation est par trop rigoureuse, les mots litigieux impliquent la perpétuité décrétée par l'art. 47 ; ces mots cependant sont sûrement exclusifs de l'idée de temps, dans l'art. 48. Je ne crois pas, du reste, qu'il soit absolument nécessaire de leur donner le même sens dans les deux textes. — Boitard recule devant la perpétuité, mais sans l'exclure, et applique arbitrairement ici l'art. 108 ; il s'ensuivrait que la surveillance pourrait être écartée, ce qui est inconciliable avec l'art. 49. Pourquoi d'ailleurs invoquer l'art. 108 plutôt que l'art. 100 ?

** Ce § est déplacé ; il se rattache plutôt à la section IV du chap. III ; *v.* art. 222 à 233. Mais sa place autorise l'application de l'art. 49, bien que la raison s'y oppose dans le cas de l'art. 86-4°. — Les rédacteurs de la loi du 10 juin 1853 n'ont modifié les dénominations politiques que dans les art. 86 et 87 du Code pénal. Ceux de la loi du 3 juillet 1852 ne les ont modifiées que dans les art. 622, 624, 625 et 631 du Code d'instr. crim., et d'une autre manière. Le plus sûr est d'employer des termes généraux qui dispensent de faire subir à nos Codes des remaniements perpétuels.

*** J'appelle, pour abréger, *interdiction civique* (totale ou partielle) la privation des droits mentionnés dans l'art. 42. L'énumération de ce texte comprend en définitive presque tous les droits politiques ; elle ne diffère de l'énumération de l'art. 34 que par des anomalies de rédaction dont la plupart sont injustifiables. On aurait dû les mettre en harmonie, lors de la révision du Code. — L'*interdiction légale* enlève l'*exercice* des droits *privés*.

Offense publique envers les membres de sa famille, 86-5° (*loi* de 1853), 49.	**Emprisonnement** 1 mois à 3 ans. **Amende** 100 à 5,000. **Surveillance** *	temps de l'emp ?
Attentat pour *changer le gouvernement* ou l'ordre de transmission du pouvoir exécutif, 87 (*loi* de 1853).	**Déportation** dans enceinte fortifiée	Dégrad. civique Interdict. légale Incap. de recev.
Complot ayant pour but les 4 crimes précédents, suivi d'actes préparatoires, 89-1°;	**Déportation** simple.	————
non suivi d'actes préparatoires, 89-2°.	**Détention** 5 à 20 ans.	Dégrad. civique Interdict. légale Surveill. à vie.
Proposition du même complot, 89-4°, 49.	**Emprisonnement** 1 à 5 ans. **Interdict. civiq.** **Surveillance** *	0 *ou* jusqu'à réhabilitation. temps de l'emp ?
Résolution individuelle d'attentat contre le chef du pouvoir exécutif ou sa famille, avec *un* acte préparatoire commis ou *commencé*, 90.	**Détention** 5 à 20 ans.	Dégrad. civique Interdict. légale Surveill. à vie.

§ II. — Contre la sûreté intérieure proprement dite.

Attentat pour exciter la *guerre civile*, ou dévaster, massacrer et piller dans une commune, 91-1°.	**Mort** **	Dégrad. civique Interdict. légale Incap. de recev.
Complot dans le même but, suivi d'actes préparatoires, 91-2°, *v.* 89-1°;	**Déportation** simple.	————
non suivi d'actes préparatoires, 91-2°, *v.* 89-2°.	**Détention** 5 à 20 ans.	Dégrad. civique Interdict. légale Surveill. à vie.
Proposition du même complot, 91-2°, *v.* 89-4°, 49.	**Emprisonnement** 1 à 5 ans. **Interdict. civiq.** **Surveillance** *	0 *ou* jusqu'à réhabilitation. temps de l'emp ?
Enrôlement de soldats, ou prestation d'armes ou munitions ***, sans ordre légitime, 92.	**Mort** **	Dégrad. civique Interdict. légale Incap. de recev.

* V. page 2, note *.

** On peut soutenir que la peine de mort est remplacée, dans tout le § 2 et peut-être même dans la sect. I, par la déportation dans une enceinte fortifiée. Cela paraît certain dans l'hypothèse des art. 96 et 97; *loi* du 8 *juin* 1850, 2. — A quel caractère doit-on reconnaître les crimes et délits politiques? L'art. 5 de la const. du 4 nov. 1848 est-il en vigueur? V. mon *Droit constit.* n°s 462 à 471, n° 1427 et p. 776.

*** Sans doute dans le but de nuire à la sûreté de l'État; arg. de l'intitulé du chap. I, de la sect. II et du § 2. V. cepend. cass. 13 févr. 1823.

Prise ou conservation *illégitime* de *commandement* militaire ; action du commandant qui tient sa troupe assemblée malgré l'ordre contraire, 93.	**Mort** *	Dégrad. civique Interdict. légale Incap. de recev.
Ordre, par personne pouvant disposer de la force publique, de l'employer *contre* la *levée* légale des *troupes :*		
suivi d'effet, 94-2° ;	**Mort** *	————
non suivi d'effet, 94-1° ;	**Déportation** simple.	————
Incendie ou destruction par mine de propriétés de l'État, 95.	**Mort** *	————
Commandement exercé dans des *bandes armées* pour envahir les propriétés de l'État ou d'une généralité de citoyens ; — ou pour résister à la force publique empêchant ce crime, 96-1°.	**Mort** *	————
Levée, *organisation* des dites *bandes ;* prestation faite sciemment, d'instruments ou subsistances ; intelligence avec les chefs, 96-2°.	**Mort** *	————
Commandement ans une bande qui a tenté ou exécuté un des crimes prévus par les art. 86, 87, 91 ; - 97-2°.	**Mort** *	————
Action d'avoir fait partie, sans commandement, de la même bande, — suivie d'*arrestation sur le lieu* de la réunion, 97-1°.	**Mort** *	————
Action d'avoir fait partie, sans commandement, d'une bande séditieuse, hors des cas des art. 86, 87, 91 (c'est-à-dire dans celui de l'art. 96), suivie d'arrestation sur le lieu de la réunion, 98.	**Déportation** simple.	————
Prestation de logement ou *lieu de réunion*, aux dites bandes, avec connaissance de leur but, 99.	**Travaux forcés** 5 à 20 ans.	Dégrad, civique Interdict. légale Surveill. à vie**

* V. page 3, note **.

** Si l'arrêt condamne à *huit* ans de travaux forcés ou davantage, le forçat libéré doit résider toute sa vie dans la colonie où il a subi sa peine. Au-dessous de huit ans, il n'est tenu de résider qu'un temps égal à la durée de la condamnation (*loi* du 30 *mai* 1854). C'est dans ce cas que s'applique encore aujourd'hui la surveillance perpétuelle prescrite par l'art. 47.

Action d'avoir fait partie, sans commandement, d'une bande séditieuse, suivie de retraite ou d'arrestation *sans résistance* ni armes, *hors du lieu* de la réunion, 100, 101 **.	**Surveillance** de la police 0* *ou* 5 à 10 ans.
Complot contre la sûreté de l'État, suivie de dénonciation des auteurs ou complices, avant toute tentative ou poursuite ; — ou même depuis la poursuite, si l'auteur procure l'arrestation de ses co-auteurs ou complices, 108.	**Surveillance** de 0 à perpétuité.

CHAPITRE II. — Crimes et Délits contre la Constitution.

SECTION I. — *Contre l'exercice des droits civiques****.

Empêchement, par attroupement, voies de fait ou menaces, d'exercer *des droits civiques*, 109.	**Emprisonnement**	6 mois à 2 ans.
	Interdiction d'élect. et éligib.	5 à 10 ans.
Même empêchement, d'après un plan concerté, applicable à un ou plusieurs arrondissements, 110.	**Bannissement** 5 à 10 ans.	Dégrad. civique Surveill. 48.
Falsification flagrante *de scrutin* ou de votes : par personnes chargées du dépouillement, 111 ;	**Dégradation civ.**	jusqu'à réhabil.
	Emprisonnement	0 à 5 ans.
par d'autres personnes, 112.	**Emprisonnement**	6 mois à 2 ans.
	Interdiction d'élect. et éligib.	5 à 10 ans.
Achat ou vente d'un suffrage électoral, 113.	**Amende**	double du prix.
	Interdiction des droits civiques,	5 à 10 ans.

* Ce zéro signifie que les juges peuvent s'abstenir de renvoyer sous la surveillance. — Il me paraît contradictoire de déclarer une peine *facultative* et de fixer un minimum à sa durée. Entre le fait qui ne motive aucune espèce de surveillance et celui qui en motive une de 5 ans, il y a évidemment des nuances possibles. Le juge, dans les cas intermédiaires, se trouvera placé dans l'alternative d'être, ou plus sévère, ou plus indulgent qu'il ne le croit convenable. — Cette observation s'applique à bien des articles du Code (67, 86, 100, 218, 221, 229, 246, 308, 315, 317, 326, 335, 343, 388, 401, 405, 410, 416, 419, 420, 444, 452), et à des lois beaucoup plus récentes.

** L'art. 102 punissait l'*excitation*, par *discours* publics, affichés ou imprimés, à commettre les crimes ou complots des art. 86 à 100. La *loi* du 17 *mai* 1819, en abrogeant cet article, le généralise et l'applique à tous les crimes et délits ; elle atténue d'ailleurs la pénalité, dans le cas où la provocation n'a pas été suivie d'effet. V. *livre II*.

*** Toute cette section est modifiée par un *décret-loi* du 2 *févr.* 1852, dont on aurait dû insérer les art. 35, 36, 38, 41 et 44 dans le Code pénal. Ce décret ajoute une amende de 500 à 5,000 fr. aux art. 111 et 113 ; de 100 à 2,000 à l'art. 109 ; un emprisonnement de 3 mois à 2 ans à l'art. 113. Les travaux forcés sont substitués, dans l'art. 110, au bannissement ; la dégrad. civique disparaît de l'art. 112 et l'interdiction civique des art. 109, 112 et 113. Beaucoup d'autres délits analogues sont prévus par le même décret.

Section II. — *Contre la Liberté* *.

Acte d'agent public (sans ordre supérieur), soit *arbitraire*, soit attentatoire à la liberté individuelle, aux droits civiques d'un Français, ou à la Constitution, 114.	**Dégradation civ.** **Emprisonnement**	jusqu'à réhabil. 0 à 5 ans.
Même crime, par *ministre*, s'il ne répare pas l'acte, 115 **	**Bannissement** 5 à 10 ans.	Dégrad. civique Surveill. 48.
Même crime après emploi de *fausse signature* de fonctionnaire; — falsification de cette signature pour le même crime, 118.	**Travaux forcés** 20 ans.	Dégrad. civique Interdict. légale Résidence coloniale à vie.
Omission par fonctionnaire *de constater* les détentions illicites, sur réclamation légale, ou de les notifier au supérieur, 119.	**Dégradation civ.** **Emprisonnement**	jusqu'à réhabil. 0 à 5 ans.
Réception d'un prisonnier par un geôlier *sans ordre* légal; — refus de l'exhiber ou d'exhiber les registres à qui de droit, 120.	**Emprisonnement** 6 mois à 2 ans. **Amende**	 16 à 200 fr.
Réquisition ou *ordre de poursuivre* ou d'arrêter sans autorisation légale, un ministre, un législateur, un conseiller d'état, 121.	**Dégradation civ.** **Emprisonnement**	jusqu'à réhabil. 0 à 5 ans.
Détention, par fonctionnaire, *hors des lieux* fixés par l'administration; — poursuite par magistrat devant la cour d'assises, *sans* mise en *accusation* légale, 122.	————	————

Section III. — *Coalition de Fonctionnaires.*

Concert de *mesures illégales*, pratiqué par dépositaires de l'autorité, réunis ou correspondant entre eux, 123.	**Emprisonnement** **Interdiction** des droits civiques.	2 à 6 mois. 0 à 10 ans.
Même concert *contre* l'exécution des *lois* ou les ordres du gouvernement, 124-1°.	**Bannissement** 5 à 10 ans.	Dégrad. civique surveill. 48.
Provocation ou direction du même concert formé entre autorités *civiles* et corps *militaires* ou leurs chefs, 124-2°.	**Déportation** simple.	Dégrad. civique Interdict. légale Incap. de recev.
Même concert contre la sûreté intérieure de l'État, 125.	**Mort** ***	————

* Rapprochez de cette section le § 5 de la sect. II du chap. III, et les art. 260 et suiv. — V. aussi 341, et suiv.

** L'art. 115 exige que le ministre ait été sommé trois fois par une commission du Sénat et n'ait pas réparé dans les 10 jours de la 3e sommation. Il est incroyable que les législateurs de 1832 n'aient pas corrigé ce texte. — C'est au Sénat, aujourd'hui chargé d'accuser les ministres (*Constit.* de 1852, 13), de voir s'il convient d'avertir à trois reprises avant d'accuser. Je ne saurais croire que le crime prévu par l'art. 115 doive rester impuni, parce qu'il émane d'un ministre. Si le coupable a cessé ses fonctions, il ne peut être question de lui adresser des sommations préalables.

*** Comp. art. 89 et 91. L'aggravation est plus rigoureuse que dans l'hypothèse où un crime

Résolution délibérée par fonctionnaires, de *se démettre* dans le but ou avec l'effet de suspendre un service public, 126.	**Dégradation civ.** **Emprisonnement**	jusqu'à réhabil. 0 à 5 ans.

SECTION IV. — *Empiètement des autorités administratives et judiciaires.*

Empiètement des *magistrats* sur le pouvoir *législatif;* délibération sur le point de savoir si les lois seront exécutées, 127-1°.	**Dégradation civ.** **Emprisonnement**	jusqu'à réhabil. 0 à 5 ans.
Empiètement des magistrats sur le pouvoir *exécutif;*— persistance, nonobstant annulation ou conflit, à permettre de citer des administrateurs à raison de leurs fonctions, 127-2°.	————	————
Jugement d'une affaire, *nonobstant* la *revendication* administrative ; — réquisitoire pour ce jugement, par officier du ministère public, 128.	**Amende** 16 à 150 fr.	
Ordonnances des juges (après réclamation légale, mais sans autorisation du gouvernement), *contre* ses *agents* prévenus de délits dans leurs fonctions ; — réquisition desdits ordres par officier du ministère public, 129.	**Amende** 100 à 500 fr.	
Empiètement des *administrateurs* sur le pouvoir législatif ; — ordres intimés par eux à des tribunaux, 130.	**Dégradation civ.** **Emprisonnement**	jusqu'à réhabil. 0 à 5 ans.
Décision des mêmes sur des intérêts du ressort des tribunaux, malgré réclamation d'une partie, 131.	**Amende** 16 à 150 fr.	

CHAPITRE III. — Crimes et Délits contre la paix publique.

SECTION Ire. — *Faux.*

§ I. — Fausse monnaie.

Contrefaçon * ou *altération des monnaies* d'or et d'argent ; — émission, exposition, introduction en France des monnaies altérées, 132, 164.	**Travaux forcés** à perpétuité. **Amende** 100 à 1/4 du bénéf.***	Dégrad. civique Interdict. légale Incapacité de recevoir **.

est commis par un fonctionnaire isolé (198). Du reste, l'art. 125 est bien mal rédigé ; on ne sait ce qu'est un *concert* qui a pour *résultat* ou seulement pour *objet* un *complot*.

* On dit aussi *contrefaction* ; v. Code instr. crim., 5.

** L'art. 165 veut que tout faussaire condamné aux travaux forcés ou à la reclusion subisse l'*exposition publique* ; mais un *décret* provisoire du 12 *avril* 1848, indirectement confirmé par l'assemblée constituante, a supprimé cette peine.

*** Il s'agit, non seulement du bénéfice effectif, mais de celui que le faux était destiné à

Mêmes crimes pour monnaies de *cuivre*, 133, 164.	**Travaux forcés** 5 à 20 ans. **Amende** 100 à 1/4 bénéfice.	Dégrad. civique Interdict. légale Surveill. à vie.
Mêmes crimes pour monnaies *étrangères*, 133, 164.	———	———
Usage * de monnaies vérifiées fausses après les avoir reçues pour bonnes, 135.	**Amende** 3 à 6 fois la valeur, (15 fr. au moins).	
Contrefaçon ou altération de monnaies françaises, émission, exposition, introduction de monnaies altérées, *dénoncées* par l'auteur avant consommation et poursuite ; ou même depuis la poursuite, s'il procure l'arrestation de ses co-délinquants, 138.	**Surveillance** de 0 à perpétuité.	

§ II. — Contrefaçon de marques et billets publics.

Contrefaçon du *sceau* de l'État, d'effets du trésor avec timbre, de billets de *banques* autorisées; usage du sceau et des effets en France, 139, 164.	**Travaux forcés** à perpétuité. **Amende** 100 à 1/4 bénéfice.	Dégrad. civique Interdict. légale Incapacité de recevoir.
Mêmes crimes *dénoncés* avant consommation et poursuite ; — ou même depuis la poursuite, si le dénonciateur procure l'arrestation de ses co-délinquants, 144, 138.	**Surveillance** de 0 à perpétuité.	
Contrefaçon ou falsification des *timbres*, *marteaux* ou *poinçons* de l'État ; usage des objets falsifiés, 140, 164.	**Travaux forcés** 20 ans. **Amende** 100 à 1/4 bénéfice.	Dégrad. civique Interdict. légale Résidence coloniale à vie.
Usage, préjudiciable à l'État, de ses timbres, marteaux ou poinçons indûment possédés, 141, 164.	**Reclusion** 5 à 10 ans. **Amende** 100 à 1/4 bénéfice.	Dégrad. civique Interdict. légale Surveill à vie.
Contrefaçon des *marques* officielles de marchandises ; contrefaçon des marques d'une autorité ou d'un établissement commercial; usage des marques fausses, 142, 164.	———	———
Usage des vraies marques indûment possédées, préjudiciable à leurs propriétaires ou à l'État, 143, 35.	**Dégradation civ.** **Emprisonnement** 0 à 5 ans.	jusqu'à réhabil. (1 jour à 5 ans, pour non citoy.)

procurer à l'auteur du crime. La première phrase de l'art. 164 a été supprimée dans la révision faite par l'*ordonnance* du 28 avril 1832 ; cependant elle peut donner lieu à quelque doute, parce qu'elle excluait l'amende dans le cas des art. 132 et 139.

* Le mot *usage*, dans toute la section I, s'entend d'un usage fait avec connaissance du faux ; 163.

§ III. — Faux en écritures publiques ou commerciales.

Faux * *par officier public*, dans l'exercice de ses fonctions ; à l'aide des moyens suivants : 1° Fabrication de signatures ; 2° Altération d'actes ou écritures ; 3° Supposition de personnes ; 4° Insertion d'écritures, après coup, dans des actes publics, 145, 164.	**Travaux forcés** à perpétuité. **Amende** 100 fr. à 1/4 bénéfice.	Dégrad. civique Interdict. légale Incap. de recev.
Altération frauduleuse * de la substance ou des circonstances d'un acte, par officier chargé de le dresser, 1° en écrivant des conventions autres que celles des parties; 2° en constatant comme vrais des faits faux ; comme avoués, des faits non avoués, 146, 164.	————	————
Faux * en écriture publique ou commerciale *par autres personnes*, à l'aide des moyens suivants : 1° Falsification d'écritures ; 2° Fabrication ou insertion, après coup, de dispositions ; 3° Addition ou altération de clauses ou déclarations que les actes ont pour objets, 147, 164.	**Travaux forcés** 5 à 20 ans. **Amende** 100 fr. à 1/4 bénéfice.	Dégrad. civique Interdict. légale Surveill. à vie.
Usage ** des écritures fausses, 148, 164.	**Travaux forcés** 5 à 20 ans. **Amende** 100 fr. à 1/4 bénéfice.	Dégrad. civique Interdict. légale Surveill. à vie.

§ IV. — Faux en écriture privée.

Faux * en écriture privée, de l'une des manières indiquées par l'art. 147 : 150, 164.	**Reclusion** 5 à 10 ans. **Amende** 100 fr. à 1/4 bénéfice.	————
Usage ** des écritures fausses, 151, 164.	————	————

* On suppose que le faux a pour but de *créer* ou d'*éteindre* (en apparence) un droit *réel* ou un droit de *créance*. La formule de la Cour de cassation (27 janvier 1815), reproduite par MM. Chauveau et F. Hélie, n'est pas assez générale ; elle indique seulement le but de donner à l'acte un caractère d'obligation qui laisse de côté les remises de dettes, de servitudes ou d'hypothèques, les aliénations de propriété, d'usufruit, etc. La formule de Livingston (Code de la Louis., 287) est plus complète, sans l'être entièrement.

** Voyez page 8, note *.

§ V. — Faux dans les passeports, feuilles de route, certificats *.

Fabrication ou falsification de *passeport;*		**Emprisonnement**	1 à 5 ans.
usage de passeport faux, 153.		—	—
Mêmes délits par mendiant ou vagabond, 281.		—	5 ans.
Supposition de nom dans un passeport ;		—	3 mois à 1 an.
attestation pour y parvenir, 154, 1°.		—	—
Mêmes délits par mendiant ou vagabond, 281.		—	1 an.
Inscription, par *logeur*, d'un nom supposé sur son registre, 154-2°.		—	6 jours à 1 mois.
Délivrance de passeport *à un inconnu*, par officier public, sans deux témoins connus, 155-1°.		—	1 à 6 mois.
Délivrance de passeport *sous nom supposé*, par officier public, 155-2°.		**Bannissement** 5 à 10 ans.	Dégrad. civique Surveill. 48.
Fabrication, falsification de *feuille de route;* usage de feuille fausse, 156-2° ; obtention de feuille sous nom supposé, 157.	pour tromper la surveillance de l'autorité.	**Emprisonnement**	1 à 5 ans.
Mêmes délits par mendiant ou vagabond, 281.		—	5 ans.
Délivrance de feuille sous nom supposé, par officier public, 158-2°.		**Bannissement** 5 à 10 ans.	Dégrad. civique Surveill. 48.
Fabrication, falsification de feuille de route, usage de feuille fausse, 156-3° ; obtention de feuille sous nom supposé, 157.	avec perception indue de moins de 100 fr.	**Bannissement** 5 à 10 ans. **Amende** 100 fr. à 1/4 bénéfice.	Dégrad. civique Surveill. 48.
Mêmes crimes par mendiant ou vagabond, 281.		**Bannissement** 10 ans. **Amende** 1/4 bénéfice.	—
Délivrance de feuille sous nom supposé, par officier public, 158-3°.		**Reclusion** 5 à 10 ans. **Amende** 100 fr. à 1/4 bénéfice.	Dégrad. civique Interdict. légale Surveill. à vie.

* Les peines établies contre les *porteurs* de faux passeports, feuilles de route ou certificats sont élevées au maximum quand elles s'appliquent à des mendiants ou vagabonds. Telle est la décision de l'art. 281, dont la rédaction est trop vague ; on serait tenté d'en induire qu'il suffit d'être *porteur* des pièces fausses pour encourir les peines des art. 153 à 161 ; ou, en sens inverse, que l'aggravation n'atteint pas les faussaires qui ont cessé d'être *porteurs*.

On peut soutenir que les mendiants, dans les mêmes cas, encourent une surveillance de 5 à 10 ans. Arg. de l'art. 282, rapproché de 281. V. aussi 271. Tous ces textes auraient besoin d'être coordonnés.

Fabrication, falsification de feuille de route; usage de feuille fausse, 156-4°; obtention de feuille sous nom supposé, 157.	avec perception indue de plus de 99 fr.	**Reclusion** 5 à 10 ans. **Amende** 100 fr. à 1/4 bénéfice.	Dégrad. civique Interdict. légale Surveill. à vie.
Mêmes crimes par mendiant et vagabond, 281.		**Reclusion** 10 ans. **Amende** 1/4 bénéfice.	
Délivrance de feuille sous nom supposé, par officier public, 158-4°.		**Travaux forcés** 5 à 20 ans. **Amende** 100 fr. à 1/4 bénéfice.	———
Fabrication * de *certificat de maladie*, sous nom de médecin, pour s'affranchir d'un service public, 159.		**Emprisonnement**	2 à 5 ans.
Certificat de fausse maladie, *par médecin*, pour affranchir de service public, 160-1°.		———	———
Même fait, avec récompense ;		**Bannissement** 5 à 10 ans.	Dégrad. civique Surveill. 48.
corruption pour obtenir le certificat, 160-2°.		———	———
Fabrication, falsification, sous nom de fonctionnaire, de certificat propre à procurer *places ou secours ;* usage du certificat faux, 161.		**Emprisonnement**	6 mois à 2 ans.
Mêmes délits par mendiant ou vagabond, 161, 281.		———	2 ans.

Section II. — *Forfaitures* **.

§ I. — Soustractions par dépositaires publics.

Soustraction, par dépositaire ou comptable public, *d'objets mobiliers* déposés en vertu de ses fonctions ;		
si leur valeur excède 3,000 fr., ou bien le tiers du dépôt, du cautionnement, ou du produit commun de la recette d'un mois, 169, 170, 172.	**Travaux forcés** 5 à 20 ans. **Amende** 1/12 à 1/4 des indemn.	Dégrad. civique Interdict. légale Surveill. à vie.
si leur valeur est inférieure, 171, 172.	**Emprisonnement** 2 à 5 ans. **Amende** 1/12 à 1/4 des indemn. **Interdiction** de fonctions publiq.	jusqu'à réhabil.

* Les rédacteurs ont oublié de mentionner dans l'art. 159 la falsification et l'usage de certificat faux. Comp. art. 161.

** Je prends ce mot, pour abréger, dans le sens large qu'on lui donne ordinairement. Les rédacteurs du Code pénal, on ne sait pourquoi, excluent son application légale aux délits

Soustraction, par officier public, d'*actes* déposés à raison de ses fonctions, 173-1°.	**Travaux forcés** 5 à 20 ans.	Dégrad. civique Interdict. légale Surveill. à vie.
Même crime par préposé du Gouvernement ou d'un dépositaire public, 173-2°.	———	———

§ II. — Concussions.

Concussion (perception indue), par *officier* public ;	**Reclusion** 5 à 10 ans. **Amende** 1/12 à 1/4 des indemn.	———
par *préposé* d'officier public, 174.	**Emprisonnement** 2 à 5 ans. **Amende** 1/12 à 1/4 des indemn.	

§ III. — Spéculations incompatibles avec des fonctions publiques.

Acquisition, par officier public, d'un *intérêt* dans l'entreprise qu'il est chargé de surveiller ; — ou dans l'affaire qu'il doit liquider, 175.	**Emprisonnement** 6 mois à 2 ans. **Amende** 1/12 à 1/4 des indemn. **Interdiction** de fonctions publiq.	jusqu'à réhabil.
Commerce, par commandant militaire, préfet ou sous-préfet, dans son ressort, de denrées non provenues de ses propriétés, 176.	**Amende** 500 à 10,000 fr. **Confiscation** de l'objet du commerce.	

§ IV. — Corruption (et intimidation) des fonctionnaires *.

Acceptation, par fonctionnaire, ou préposé de l'administration, de *dons* promis ou livrés, *pour faire ou s'abstenir* de faire un acte de son emploi, 177, 35.	**Dégrad. civique** Jusqu'à réhabilitation. **Emprisonnement** 0 à 5 ans. **Amende** 200 fr. au double des valeurs données.

(art. 168). Peut-être était-ce pour arriver à la règle qui prononce la dégradation civique d'une manière générale contre le crime de forfaiture (art. 167) ? règle inutile si quelque loi ne se borne à qualifier un crime « forfaiture », sans spécifier la peine.

* L'art. 178 est fort obscur. Et d'abord, quelle est son utilité ? Il ne sert guère qu'à prévenir le doute bien faible qu'aurait pu engendrer l'art. 177, dans le cas où le fonctionnaire corrompu commet en outre un autre crime ; peut-être aurait-on essayé d'en conclure que la peine doit être seulement la *dégrad. civ.*, même dans ce cas. — L'amende prononcée par l'art. 177 est-elle applicable à l'hypothèse de l'art. 178 ? — Le corrupteur est-il puni dans ce dernier cas ? L'art. 179 semble décider la négative ; le mot *corruption* signifie peut-être ici, comme dans l'art. 182, le fait d'être corrompu. On peut du moins invoquer contre le corrupteur les art. 59 et 60. Mais la confiscation sera-t-elle prononcée (art. 180) ?

Même acceptation *pour* commettre un *crime*, entraînant la mort,	**Mort**	Dégrad. civique Interdict. légale Incap. de recev.
les travaux forcés à perpétuité,	**Travaux forcés** à perpétuité	
la déportation,	**Déportation** à perpétuité	
les travaux forcés à temps,	**Travaux forcés** 5 à 20 ans	Dégrad. civique Interdict. légale Surveill. à vie.
la détention,	**Détention** 5 à 20 ans	
la reclusion,	**Reclusion** 5 à 10 ans	
le bannissement, 178 *.	**Bannissement** 5 à 10 ans.	Dégrad. civique Surveill. 48.
Contrainte ou *corruption*, opérée ou tentée avec succès pour obtenir d'un fonctionnaire ou préposé de l'administration un acte * de son ministère, 179-1°, 180, 35.	**Dégrad. civique** **Emprisonnement** 0 à 5 ans. **Amende** 200 fr. au double des valeurs données.	jusqu'à réhabil. **Confiscation** des valeurs livrées, pour l'hospice du lieu.
Tentative de contrainte ou corruption, non suivie d'effet, 179-2°, 180.	**Emprisonnement** 3 à 6 mois. **Amende** 100 à 300 fr.	**Confiscation** des valeurs livrées, pour l'hospice.
Corruption consentie par juré ou *juge criminel,* 181, 177.	**Reclusion** 5 à 10 ans. **Amende** 200 fr. au double des valeurs reçues.	Dégrad. civique Interdict. légale Surveill. à vie.
Même crime ** ayant entraîné une *condamnation* à la peine de mort,	**Mort**	Dégrad. civique Interdict. légale Incap. de recev.
des travaux forcés à perpétuité,	**Travaux forcés** à perpétuité	
de la déportation,	**Déportation** à perpétuité	
des travaux forcés à temps,	**Travaux forcés** 5 à 20 ans	Dégrad. civique Interdict. légale Surveill. à vie.
de la détention, 182.	**Détention** 5 à 20 ans.	
Décision de juge ou administrateur, par *faveur* ou *inimitié* pour la partie, 183.	**Dégrad. civique** jusqu'à réhabilitation. **Emprisonnement** 0 à 5 ans.	

* L'art. 179 ne punit pas le corrupteur qui veut obtenir l'*inaction* du fonctionnaire, mais on n'en voit pas la raison. — Pourquoi l'intimidation est-elle ici mêlée avec la corruption? V. art. 222 à 233.—Comment distinguer, de la corruption, la tentative *efficace* de corruption? A-t-on songé au cas où le fonctionnaire, en refusant les dons, commet néanmoins l'abus de pouvoir par suite de quelque autre influence?

** L'amende de l'art. 177 a-t-elle lieu dans ce cas? L'art. 182 ne le décide pas explicitement. Même argument contre la confiscation. Comp. art. 180.

§ V. — Abus d'autorité.

1° *Contre les particuliers* *.

Violation de domicile, par fonctionnaire ou agent de la force publique, en cette qualité, sans ordre supérieur, 184-1°, 114-2°.	**Emprisonnement** 6 jours à 1 an.	**Amende** 16 à 500 fr.
Violation de domicile, par individu non fonctionnaire, avec menaces ou contrainte, 184-2°.	6 jours à 3 mois.	16 à 200 fr.
Déni de justice, après réquisition et avis de supérieurs, 185. (Poursuite facultative.)	**Amende**	200 à 500 fr.
	Interdiction de fonctions publ.	5 à 20 ans.
Violences illégitimes envers les personnes, par officier public, agent du pouvoir, commandant de la force publique, à l'occasion de ses fonctions, si elles entraînent peine correctionnelle,	Maximum de la peine.	
dégradation civique, bannissement,	**Reclusion** 5 à 10 ans.	Dégrad. civique Interdict. légale Surveill. à vie.
reclusion, détention,	**Travaux forcés** 5 à 20 ans.	
travaux forcés à temps, déportation, 186, 198.	**Travaux forcés** à perpétuité.	Dégrad. civique Interdict. légale Incap. de recev.
Suppression, ouverture de *lettres*, par fonctionnaire ou par agent des postes, ** 187.	**Emprisonnement**	3 mois à 5 ans.
	Amende	16 à 500 fr.
	Interdiction de fonctions publiq.	5 à 10 ans.

2° *contre la chose publique.*

Réquisition ou *ordre* par préposé du gouvernement, sans ordre du supérieur compétent, *d'employer la force publique* contre l'exécution d'un ordre légitime, 188, 190.	**Reclusion** 5 à 10 ans.	Dégrad. civique Interdict. légale Surveill. à vie.
Même crime suivi d'effet, 189, 190.	10 ans.	

* Ce § se rattache, par son objet, à la sect. II du chap. II.

** La violation du secret des lettres par un *particulier* n'est pas prévue.

Même crime, par suite duquel est survenu un autre crime emportant la mort,	**Mort**	
les travaux forcés à perpétuité,	**Travaux forcés** à perpétuité	Dégrad. civique Interdict. légale Incap. de recev.
la déportation,	**Déportation** à perpétuité	
les travaux forcés à temps,	**Travaux forcés** 5 à 20 ans	Dégrad. civique Interdict. légale Surveill. à vie.
la détention, 191.	**Détention** 5 à 20 ans	

§ VI. — Délits contre l'état civil *.

Inscription d'actes, par officier de l'état civil, sur *feuilles volantes*, 192.	**Emprisonnement** 1 à 3 mois.	**Amende** 16 à 200 fr.
Omission, par le même, de s'assurer du consentement de la famille au *mariage*, quand la loi l'exige, 193 **.	——— 6 mois à 1 an.	——— 16 à 300 fr.
Célébration, par le même, du *nouveau* mariage d'une femme, dans les dix mois de la dissolution du précédent, 194.	———	———

§ VII. — Anticipation ou prolongation des fonctions.

Entrée en fonctions, sans *serment*, 196. (Poursuite facultative.)	**Amende** 16 à 150 fr.	
Continuation de fonctions, nonobstant le retrait officiellement connu des pouvoirs, ou l'élection d'un successeur, 197; *v.* 93.	**Emprisonnement** 6 mois à 2 ans. **Amende** 100 à 500 fr.	**Interdiction** de fonct. publiq. 5 à 10 ans après la peine subie.

Autres crimes ou délits par fonctionnaires.

Participation *** *de fonctionnaires* chargés de les surveiller ou réprimer, à des *délits* emportant peine correction. ;	Maximum de la peine.	
à des *crimes* entraînant dégrad. civique, bannissement,	**Reclusion** **** 5 à 10 ans.	Dégrad. civique Interdict. légale Surveill. à vie
reclusion, détention,	**Travaux forcés** 5 à 20 ans.	———
travaux forcés à temps, déportation, 198.	**Travaux forcés** à perpétuité.	Dégrad. civique Interdict. légale Incap. de recev.

* Rapprochez de ce § le § I de la section III et les art. 345 et suiv.

** S'ensuit-il que l'art. 156 du Code civil soit abrogé? V. mes *Notes sur le C. civ.* n° 777.

*** Ce mot permet de soutenir que le fonctionnaire est punissable ici comme co-auteur et non comme auteur unique, à la différence du cas prévu par l'art. 462. V. art. 432; *v* cepend. cass. 2 mai 1816 ; Carnot et Bourguignon.

**** L'aggravation prononcée par l'art. 198 n'est pas toujours en rapport avec la nature du crime. Ainsi, c'est à tort que la loi substitue la *reclusion* au bannissement et à la dégradation civique ; les *travaux forcés* à la détention et à la déportation.

SECTION III. — *Crimes et délits des ministres des cultes* *.

§ I. — Délits contre l'état civil.

Célébration *religieuse* de mariage, sans preuve de célébration civile préalable, 199.	**Amende** 16 à 100 fr.	
Même fait, 1re récidive, 200-2°;	**Emprisonnement** 2 à 5 ans.	
2e récidive, 200-3°.	**Détention** 5 à 20 ans.	Dégrad. civique Interdict. légale Surveill. à vie.

§ 2. — Critiques contre l'autorité dans un discours pastoral public.

Critique du gouvernement ou d'un acte de l'autorité, par prêtre en fonctions, en assemblée publique, 201.	**Emprisonnement**	3 mois à 2 ans.
Provocation à désobéir aux actes de l'autorité, — ou à s'armer les uns contre les autres, dans le même mode, sans effet;	———	2 à 5 ans.
suivie de *désobéissance*, sans sédition, 202;	**Bannissement** 5 à 10 ans.	Dégrad. civique Interdict. légale Surveill. 48.
suivie de *sédition*, entraînant, contre un des coupables,		
la mort,	**Mort**	Dégrad. civique Interdict. légale Incap. de recev.
les travaux forcés perpét.,	**Travaux forcés** à perpétuité	
la déportation,	**Déportation** à perpétuité	
les travaux forcés,	**Travaux forcés** 5 à 20 ans	Dégrad. civique Interdict. légale Surveill. à vie.
la détention,	**Détention** 5 à 20 ans	
la reclusion, 203.	**Reclusion** 5 à 10 ans.	

§ III. Critiques contre l'autorité dans un écrit pastoral.

Critique du gouvernement ou d'un acte de l'autorité, par un prêtre, dans un écrit pastoral, 204.	**Bannissement** 5 à 10 ans.	Dégrad. civique Surveill. 48.

* Les rédacteurs du Code ont craint d'employer, dans cette section, les mots *crime* et *délit*. Ils qualifient même de *contravention* un fait puni d'une peine afflictive (200 3°). — On aurait dû excepter de l'art. 200 le cas où le mariage civil a été effectivement célébré.

Provocation, dans le même mode, à désobéir aux actes de l'autorité, — ou à s'armer les uns contre les autres, 205.	**Détention** 5 à 20 ans.	Dégrad. civique Interdict. légale Surveill. à vie.
Même crime, suivi de *sédition*, entraînant contre un des coupables,		
la mort,	**Mort**	Dégrad. civique Interdict. légale Incap. de recev.
les travaux forcés à perpétuité, 206 *.	**Travaux forcés** à perpétuité.	

§ IV. — Correspondance religieuse avec puissance étrangère.

Correspondance, par un prêtre, non autorisé du ministre des cultes, avec puissance étrangère, sur sujet religieux, 207.	**Emprisonnement** 1 mois à 2 ans. **Amende** 100 à 500 fr.	
Même infraction, suivie de faits ** contraires aux lois ou règlements du pouvoir exécutif, 208.	**Bannissement** 5 à 10 ans.	Dégrad. civique Surveill. 48.

Section IV. — *Désobéissance à l'autorité.*

§ I. — Rébellion.

Rébellion (attaque ou résistance violente aux agents publics exécutant les ordres de l'autorité, 209 ***),		
par *vingt-et-une* personnes armées;	**Travaux forcés** 5 à 20 ans.	Dégrad. civique Interdict. légale Surveill. à vie.
sans armes, 210.	**Reclusion** 5 à 10 ans.	————
par *trois* à *vingt* personnes armées, 211.	————	————

* Ici devrait se retrouver une échelle semblable à celle de l'art. 203; si les législateurs de 1832 n'avaient, par une inadvertance palpable, oublié de substituer dans l'art. 206 comme ils le faisaient dans l'art. 205, la *détention* à la *déportation*. — On ne distingue plus dans le § 3, comme dans le § 2, la simple désobéissance, de la sédition. Comp. 202 et 205.

** Si les faits entraînent une peine afflictive, le coupable la subira (v. 208); mais je n'ai pas cru devoir reproduire ici la liste de ces sortes de peines, parce qu'il ne paraît pas être question dans l'art. 208, comme dans l'art. 203, de faits commis par d'autres que le prêtre.

*** Il suffit qu'il y ait violences ou menaces contre les agents, alors même qu'ils n'exécutent aucun ordre, si la réunion est composée : 1° d'ouvriers des manufactures; 2° d'individus admis dans un hospice; 3° de prisonniers; 219. Dans ce dernier cas, la peine de la rébellion se cumule avec celle que les prisonniers ont encourue; 220-2°.

Rébellion par *trois* à *vingt* personnes sans armes, 211, 218.	**Emprisonnement*** 6 mois à 2 ans.	**Amende **** 0 *ou* 16 à 200 fr.
Par *une* ou *deux* personnes armées,	——*	——**
sans armes, 212, 218.	——* 6 jours à 6 mois.	——**
Participation à rébellion par bande, suivie de retraite ou d'arrestation sans résistance ni armes, hors du lieu de la réunion, 213, 100.	**Surveillance** 0 ou 5 à 10 ans.	

§ II. — Outrages et violences contre les dépositaires de l'autorité et de la force publique.

Outrage *verbal* inculpant l'honneur d'un magistrat administratif ou judiciaire, dans l'exercice ou à l'occasion de ses fonctions, 222-1° ***, 226.	**Emprisonnement** 1 mois à 2 ans.	**Réparation** à 1re audience ou écrite (*facultative.*)
Même délit, à l'audience d'un tribunal, 222-2°, 226.	—— 3 à 5 ans.	——
Outrage par *gestes* ou *menaces* au même, dans l'exercice ou à l'occasion de ses fonctions, 223.	—— 1 à 6 mois.	——
Même délit, à l'audience, 223, 226.	—— 1 mois à 2 ans.	——
Outrage par *paroles* ou *gestes* à officier ministériel ou agent de la force publique dans l'exercice ou à l'occasion de ses fonctions, 224, 227.	**Amende** 16 à 200 fr.	——
Même délit, contre un commandant, 225, 226.	**Emprisonnement** 6 jours à 1 mois.	——
Coup **** à un magistrat, dans l'exercice ou à l'occasion de ses fonctions, 228-1°, 229-1°.	**Emprisonnement** 2 à 5 ans.	**Éloignement** à 2 myriam. du siége 0 *ou* 5 à 10 ans *****.

* Pour les chefs (et provocateurs), *surveillance*, 0 *ou* 5 à 10 ans, 221. On peut soutenir que cet article est implicitement abrogé en ce qui touche les provocateurs, par la *loi* du 17 *mai* 1819, qui abolit l'art. 217. Les auteurs de la révision de 1832 auraient bien dû comprendre le § I dans leur travail. — Les condamnés pour rébellion peuvent être exclus de Lyon et de la Seine. *Loi 9 juill.* 1852.

** Il est contradictoire de fixer le minimum d'une amende et de la déclarer facultative. V. p. 5, note *. L'inconvénient est amoindri par l'art. 463-8°.

*** L'art. 222 est abrogé en partie par la *loi* du 25 *mars* 1822, selon MM. Chauveau et F. Hélie, chap. 31.

**** Donc les violences d'une autre espèce ne donnent pas lieu à l'applicat. de l'art. 228; d'autant mieux que l'art. 230 renvoie uniquement à celle-là. V. cependant cass. 29 juill. 1826, et art. 231, 232.

***** Il est contradictoire de fixer le minimum d'une peine et de la déclarer facultative. V. page 5, note *.

Même délit, à l'audience d'un tribunal, 228-2°, 229-1°.	**Dégrad. civique** jusqu'à réhabilitation. **Emprisonnement** 2 à 5 ans.	**Éloignement** à 2 myriam. du siége 0 *ou* 5 à 10 ans.
Rapprochement du coupable condamné à s'éloigner du siége du tribunal, avant le terme fixé par les juges, 229-3°.	**Bannissement** 5 à 10 ans.	Dégrad. civique Surveill. 48.
Coup à personne chargée d'un service public, pendant ce service ou à son occasion, 230.	**Emprisonnement** 1 à 6 mois.	
Coup à magistrat ou personne chargée de service public, dans les cas ci-dessus, suivi de blessures ou maladies, 231.	**Reclusion** 5 à 10 ans.	Dégrad. civiqu Interdict. légal Surveill. à vi
Même crime, ayant causé la *mort* dans les quarante jours, 231.	**Travaux forcés** à perpétuité.	Dégrad. civiqu Interdict. légale Incap. de recev.
Coup * aux mêmes personnes, de *guet-à-pens*, même sans blessures, 232.	**Reclusion** 5 à 10 ans.	Dégrad. civique Interdict. légale Surveill. à vie.
Coups ou blessures aux mêmes dans l'exercice ou à l'occasion de leurs fonctions, *avec intention de tuer*, 233.	**Mort.**	Dégrad. civique Interdict. légale Incap. de recev.

§ III. — Refus de service dû légalement **.

Refus, par commandant de la force publique, *de faire agir la force* qu'il dirige, sur réquisition légale de l'autorité civile, 234.	**Emprisonnement**	1 à 3 mois.
Allégation d'excuse fausse par *témoin* ou *juré*, 236.	———————	6 jours à 2 mois ***.

§ IV. — Évasion de détenus, recèlement de criminels.

Négligence de gardien qui laisse échapper un *prévenu* de *délit* ou de *crime infamant* ou un prisonnier de guerre ****, 238-1°.	———————	———————

* Les rédacteurs auraient dû n'appliquer la reclusion qu'aux coups d'une certaine gravité. Du reste, on peut soutenir que l'art. 232 se réfère à l'art. 231 et n'entend parler que de violences pouvant causer effusion de sang. V. MM. Chauv. et F. Hélie. Mais il vaudrait mieux que la loi fût explicite.

** Des lois spéciales punissent les délits relatifs au *recrutement* (expression substituée par la Charte de 1814 à celle de *conscription*, qu'on lit encore dans l'art. 235 du Code pénal, après la révision de 1832 !).

*** Cette peine se cumule avec celle de non comparution si le témoin ou le juré l'ont encourue : 200 à 500 fr. d'amende, d'après l'art. 396 du Code d'instruction criminelle, modifié par la loi du 4 juin 1853, qu'on a oublié de fondre dans le même Code.

**** La peine cesse si l'évadé se représente dans les 4 mois de l'évasion, ou s'il est arrêté

Connivence, dans le même cas, 238-1°.	**Emprisonnement**	6 mois à 2 ans *.
Aide donnée à l'évasion, dans le même cas, par un tiers non gardien, 238-2°.	———	6 jours à 3 mois.
Même délit, de connivence avec le geôlier, 242.	———	6 mois à 2 ans *.
Même délit, avec prestation d'instruments propres à opérer une évasion ou tentative d'évasion violente, 241.	———	3 mois à 2 ans *.
Négligence du gardien qui laisse échapper *un détenu pour* crime punissable de peine *afflictive temporaire* **.	———	2 à 6 mois.
Connivence, dans le même cas, 239-1°.	**Reclusion** 5 à 10 ans.	Dégrad. civique Interdict. légale Surveill. à vie.
Aide donnée à l'évasion, dans le même cas, par un tiers, 239-2°, 247.	**Emprisonnement**	3 mois à 2 ans*.
Même infraction, de connivence avec le geôlier, 242.	**Reclusion** 5 à 10 ans.	Dégrad. civique Interdict. légale Surveill. à vie.
Même délit, avec prestation d'instruments propres à opérer une évasion ou tentative d'évasion violente, 241, 246.	**Emprisonnement** **Surveillance**	2 à 5 ans. 0 *ou* 5 à 10 ans.
Négligence du gardien qui laisse échapper un détenu pour crime punissable à *perpétuité*, 240-1°, 246 **.	**Emprisonnement** **Surveillance**	1 à 2 ans. 0 ou 5 à 10 ans.
Connivence, dans le même cas, 240-1°.	**Travaux forcés** 5 à 20 ans.	Dégrad. civique Interdict. légale Surveill. à vie.
Aide donnée à l'évasion, dans le même cas, par un tiers, 240-2°, 246.	**Emprisonnement** **Surveillance**	1 à 5 ans. 0 ou 5 à 10 ans.
Même infraction, de connivence avec le geôlier, 242.	**Travaux forcés** 5 à 20 ans.	Dégrad. civique Interdict. légale Surveill. à vie.

dans le même intervalle, à moins que ce ne soit pour délits ultérieurs, 247. — Le rédacteur de l'art. 238, sans doute par inadvertance, a oublié de mentionner les condamnés pour délit *de police* (ajoutez *correctionnelle*) ou pour crime infamant. Comparez 239 et 240.

* Le tribunal, s'il condamne à *plus* de 6 mois de prison, *peut* renvoyer sous la *surveillance* de la police pendant 5 à 10 ans, 246.

** V. page 19, note ****.

Même infraction, avec prestation d'instruments propres à opérer une évasion ou tentative d'évasion violente, 241.	**Réclusion** 5 à 10 ans.	Dégrad. civique Interdict. légale Surveill. à vie.
Prestation d'armes pour favoriser l'évasion violente,		
par gardien ;	**Travaux forcés** à perpétuité.	Dégrad. civique Interdict. légale Incap. de recev.
par d'autres personnes, 243.	**Travaux forcés** 5 à 20 ans.	Dégrad. civique Interdict. légale Surveill. à vie.
Évasion ou tentative d'évasion par *bris de prison* ou violence, 245.	**Emprisonnement**	6 mois à 1 an*.
Action de *recéler* celui qu'on sait auteur d'un crime emportant peine afflictive, par un autre que ses parents directs, conjoint, frères ou sœurs, ou alliés au même degré, 248.	———	3 mois à 2 ans.

§ V. — Bris de scellés, enlèvement de pièces dans les dépôts publics.

Négligence du gardien qui *laisse briser* des *scellés* apposés par ordre du Gouvernement ou d'un juge, 249.	**Emprisonnement**	6 jours à 6 mois.
Même délit, si les scellés conservent les effets d'un individu prévenu, ou condamné pour crime punissable de peines *perpétuelles*, 250.	———	6 mois à 2 ans.
Bris de scellés dans le même cas,		
par le gardien, 251 ;	**Travaux forcés** 5 à 20 ans.	Dégrad. civique Interdict. légale Surveill. à vie.
par un autre, avec *violences* envers les personnes, 256 ;	———	———
par un autre, avec vol, 253 ;	———	———
sans violences personnelles, 251.	**Réclusion** 5 à 10 ans.	———
Bris de scellés, dans d'autres cas,		
par le gardien ;	**Emprisonnement**	2 à 5 ans.
par un autre, 252.	———	6 mois à 2 ans.

* Cette peine se cumule avec celle que le prisonnier a déjà encourue. Il en est de même de la peine de 2 à 5 ans de travaux forcés que prononce la loi du 30 mai 1854 contre les forçats qui s'évadent après leur embarquement. Les condamnés à perpétuité qui s'évadent sont mis à la double chaîne pendant 2 à 5 ans. Si les rédacteurs de la loi de 1854 avaient consulté l'art. 245, ils auraient sans doute distingué l'évasion pure et simple, de l'évasion violente ou par effraction.

Négligence de dépositaire public, suivie de *soustraction* ou suppression des *papiers* ou effets déposés, 254.	**Emprisonnement** **Amende**	3 mois à 1 an. 100 à 300 fr.
Soustraction de papiers placés dans un dépôt public, par le dépositaire lui-même, 255-2°.	**Travaux forcés** 5 à 20 ans.	Dégrad. civique Interdict. légale Surveill. à vie.
par un autre, avec *violences* envers les personnes, 256 ;	———	———
sans violences personnelles, 255-1°.	**Reclusion** 5 à 10 ans.	———

§ VI. — Dégradation de monuments.

Dégradation d'objets affectés, du consentement de l'autorité, à l'utilité ou à l'agrément publics, 257.	**Emprisonnement** 1 mois à 2 ans.	**Amende** 100 à 500 fr.

§ VII. — Usurpation de titres.

Exercice de *fonctions*, sans titre, 258.	**Emprisonnement** 2 à 5 ans.
Port public d'un *costume* ou d'une *décoration*, sans droit, 259.	——— 6 mois à 2 ans.

§ VIII. — Entraves aux cultes.

Empêchement de pratiquer un culte autorisé* et d'observer certains jours de fête, ou *contrainte* à le faire, par voies de fait ou menaces, 260.	——— 6 jours à 2 mois.	**Amende** 16 à 200 fr.
Trouble à l'exercice d'un culte, *dans le lieu* qui y est affecté, 261.	——— 6 jours à 3 mois.	——— 16 à 300 fr.
Outrage, par paroles ou gestes, envers les *objets d'un* culte dans les lieux consacrés, ou envers les *prêtres* en fonctions, 262 **.	——— 15 jours à 6 mois.	——— 16 à 500 fr.

* Cette distinction entre les cultes *autorisés* et ceux qui ne le sont pas est peu judicieuse; aussi ne faut-il pas la sous-entendre, avec MM. Chauv. et F. Hélie, dans les articles 261 à 263. V. mon *droit constit.*, n° 506. La loi du 18 nov. 1814 sur l'observation des dimanches et fêtes, était inconstitutionnelle, selon moi, dès son origine ; elle l'est devenue, dans tous les cas, depuis la Charte de 1830. V. J. B. S. P. *Cours de droit crim.*, p. 257 et suiv.

** On a oublié, en 1832, de mettre les art. 262 et 263 en harmonie avec la loi du 25 mars 1822 qui les a abrogés en tout ou partie.

Coup à prêtre en fonctions, 263 *.	**Dégrad. civique** **Emprisonnement** 0 à 5 ans.	jusqu'à réhabil. (1 jour à 5 ans pour non citoy.)

SECTION V. — *Association de malfaiteurs, Vagabondage, Mendicité.*

§ I. — Association de malfaiteurs.

Création, commandement même secondaire de *bandes organisées* de malfaiteurs** envers les personnes ou les propriétés, 265 à 267.	**Travaux forcés** 5 à 20 ans.	Dégrad. civique Interdict. légale Surveill. à vie.
Service dans les mêmes bandes, 268.	**Reclusion** 5 à 10 ans.	————
Prestation faite sciemment auxdites bandes, *d'instruments* et de *lieu de réunion*, 62, 268.	————	————

§ II. — Vagabondage.

Absence de profession ***, de domicile certain et de moyens de subsistance, après 16 ans, 270, 271-1°.	**Emprisonnement** **Surveillance******	3 à 6 mois. 5 à 10 ans.
Même délit, avant l'âge de 16 ans, 271-2°.	**Surveillance**	jusqu'à 20 ans, sauf engagement militaire.
Même délit, par *étranger*, 270, 272.	**Emprisonnement** 3 à 6 mois. **Surveillance** 5 à 10 ans.	Expulsion de France (*facultative* pour le Gouvernement).

* V. page 22, note **.

** On peut soutenir, malgré Carnot, qu'il s'agit d'une association pour commettre des crimes et non de simples délits (arg. de l'art. 267 et de l'art. 268 qui parle d'instruments de *crime*). On ne doit pas perdre de vue que la loi punit ici un simple complot, dont aucun méfait n'a encore confirmé l'existence : les dispositions exorbitantes doivent être restreintes.

*** Le législateur a sans doute voulu punir le refus d'exercer une profession licite ; mais il aurait dû exiger la constatation préalable du refus. Même critique contre le § 3. A une époque où les utopies se répandent, il importe de ne pas faire croire que le législateur considère la pauvreté comme un délit. Voir mon *Droit constitutionnel*, nos 380 à 400.—Les condamnés à la prison pour vagabondage ou mendicité peuvent être exclus de la Seine et de Lyon. *Loi* du 9 *juill.* 1852.

**** La réclamation du conseil municipal de la commune où est né le vagabond, autorise le gouvernement à le renvoyer dans cette commune ; — l'engagement d'une caution solvable autorise aussi à le renvoyer dans la commune indiquée par la caution, 273. Il est probable qu'en pareil cas, la peine est éteinte pour l'avenir, bien que le texte ne soit pas assez explicite. — Le gouvernement peut-il expulser le vagabond étranger, sans qu'il ait subi sa peine ? L'art. 272 ne dit pas le contraire ; comp. art. 273-2°. — Peut-on expulser le mineur de 16 ans ? Oui : l'art. 272 ne distingue pas.

§ III. — Mendicité.

Mendicité flagrante dans un lieu où il existe un dépôt * de mendicité, 274.	**Emprisonnement**	3 à 6 mois.**
Mendicité *habituelle* par personne *valide*, dans un lieu sans dépôt, 275-1°.	————	1 à 3 mois.**
Même délit, hors du canton où réside le mendiant, 275-2°.	————	6 mois à 2 ans**
Mendicité avec *menaces*, — ou après *entrée* sans permission dans une habitation ou enclos en dépendant, — ou avec *simulation* d'infirmités, — ou en *réunion* (sauf mari et femme, père ou mère et jeunes enfants, aveugle et conducteur), 276.	————	———— **

Règles communes aux mendiants et vagabonds.

Mendicité ou vagabondage avec *travestissement*, armes ou *instruments* propres à délinquer ou à pénétrer dans les maisons (le tout au moment de l'arrestation), 277, 282.	**Emprisonnement** 2 à 5 ans.	**Surveillance** 5 à 10 ans.
Mendicité ou vagabondage avec port *d'effets* valant plus de 100 fr., sans que la source en soit justifiée, 278, 282.	———— 6 mois à 2 ans.	————
Violence envers les personnes, par mendiant ou vagabond, 279.	**Reclusion** 5 à 10 ans.	Dégrad. civique Interdict. légale Surveill. à vie.

Section VI. — *Publication d'écrits anonymes ou immoraux****.

Publication ou *distribution* d'imprimés sans indication ou avec indication fausse d'auteur ou imprimeur (noms, profession et demeure), 283, 286.	**Emprisonnement** 6 jours à 6 mois.	**Confiscation** des exemplaires saisis.

* A l'expiration de la peine, le mendiant est conduit ou, comme disent les règlements, *traduit* au dépôt. Les nombreux décrets impériaux qui organisent ces dépôts permettent d'y *écrouer* les mendiants en vertu d'une décision du *préfet*, et de les y retenir *au moins pendant un an*. V. entre autres le décret du 15 nov. 1811. Sous ce rapport, leur légalité est douteuse. V. mon *droit const.*, n° 1430.

** Suivant la Cour de cassation (arrêt du 8 oct. 1836, etc.), il y a lieu à *surveillance de la police* pour 5 à 10 ans, dans les cas prévus par les art. 274 à 276, aussi bien que dans les cas prévus par les art. 277 à 280. V. art. 282. Ce système, contraire au principe qui fait prévaloir, dans le doute, l'interprétation la plus indulgente, se concilie mal avec la mesure que prescrit l'art. 274. — V. p. 10, note *.

*** Rapprochez de cette section l'art. 475-13°. — Ici encore, les législateurs de 1832 ont

Même délit, par *l'auteur*, *ib.* et 289.	**Emprisonnement** 6 mois.	**Confiscation** des exemplaires saisis.
Publication ou distribution d'un imprimé contenant *provocation* à crime ou délit; suivie de *révélation* *, par les afficheurs ou distributeurs, de la personne dont ils tiennent l'écrit, 285, 286.	——— 6 jours à 3 mois.	———
Exposition ou distribution de pamphlets ou images contraires aux *mœurs*, 287.	——— 1 mois à 1 an. **Amende** 16 à 500 fr.	**Confiscation** des planches et exemplaires.
Même délit, par l'*auteur*, 287, 289.	**Emprisonnement** 1 an. **Amende** 500 fr.	———

Section. VII. — *Associations ou réunions illicites.*

Direction ou administration d'association de plus de *vingt* personnes non autorisées par le Gouvernement ou ayant enfreint les conditions par lui imposées, 292, 291.	**Amende**** 16 à 200 fr.	
Direction ou administration d'association non autorisée, si, par publication ou distribution, il y a été fait *provocation* à délit, 293.	**Emprisonnement** 3 mois à 2 ans.	**Amende** 100 à 300 fr.
Provocation, dans le même cas, 293.	———	———
Prestation d'*appartement* non autorisée, pour réunion d'association même autorisée ou exercice d'un culte, 294.	**Amende** 16 à 200 fr.	

oublié de mettre en harmonie le Code pénal et les lois postérieures. Ceux de 1835 et de 1852 ont mérité le même reproche; aussi est-il difficile de dire en quoi les art. 283 à 290 demeurent obligatoires. Le plus sûr est de promulguer enfin un Code de la presse. Il est bien temps que les écrivains et tous ceux qui les secondent par leur industrie sachent précisément quelles limitations la loi apporte, à tort ou à raison, à l'exercice de leur droit.

* Faute de révélation, ils sont réputés complices, 285, v. 59.

** La loi du 10 avril 1834 prononce un **Emprisonnement** de 2 mois à 1 an, et une **Amende** de 50 à 1,000 fr. En récidive, le maximum est doublé, et le juge peut infliger une **surveillance** de 0 à 4 ans. Ces peines atteignent *quiconque* fait partie de l'association et ceux qui fournissent leur appartement à une réunion. — Elles s'appliquent aux associations partagées en sections moindres de 20 personnes, ou ne se réunissant pas à jours fixes. — On aurait dû fondre cette loi dans le Code pénal, au moins lorsqu'on l'a remise en vigueur. V. le décret-loi du 25 mars 1852, qui ne mentionne pas, on ne sait pourquoi, l'art. 293. — Un décret-loi du 8 déc. 1851 permet de transporter, par *mesure de sûreté*, dans une colonie, les membres de sociétés secrètes! Mais v. mon *dr. constit.*, p. 778.

TITRE II.

CRIMES ET DÉLITS CONTRE LES PARTICULIERS.

CHAPITRE Ier — Crimes et Délits contre les Personnes.

SECTION I. — *Crimes capitaux, menaces d'attentat* *.

§ Ier. — Homicide.

Assassinat (meurtre avec préméditation ou de guet-apens, 296 à 298), 302.	**Mort**	Dégrad. civique Interdict. légale Incap. de recev.
Parricide (meurtre d'ascendant légitime, de père ou mère naturels ou adoptifs, 299), 13, 302.	—— (avec appareil.)	——
Infanticide (meurtre d'enfant nouveau-né, 300), 302.	—— (pure et simple.)	——
Empoisonnement (attentat à la vie, par substances pouvant donner la mort, 301), 302.	——	——
Tortures par malfaiteurs pour exécuter un crime, 303.	——	——
Meurtre (homicide volontaire, 295), précédé ou suivi d'un crime, 304-1°.	——	——
Meurtre *pour* faciliter un *délit* ou l'impunité d'un délinquant, 304-2°.	——	——
Meurtre ** hors des cas précédents, 304-3°.	**Travaux forcés** à perpétuité.	——

§ II. — Menaces.

Menace *écrite*, d'attentat personnel punissable à perpétuité ***, avec ordre de remplir des conditions, 305.	**Travaux forcés** 5 à 20 ans.	Dégrad. civique Interdict. légale Surveill. à vie.

* Tous ces crimes, s'ils sont commis en réunion séditieuse, avec rébellion ou pillage, sont imputables aux chefs ou provocateurs de ces réunions, 313.

** Faut-il assimiler au meurtre l'homicide commis en *duel* ou pour satisfaire la volonté de la personne tuée? V. Jacques B. S. P. *Cours de dr. crim.*, p. 257 et suiv.

*** Le Code, assez rigoureux pour les menaces qu'il prévoit, est beaucoup trop indulgent pour les menaces de violences moins graves. — Ajoutez à ce § les art. 179, 222 224, 344, 436.

Même menace, sans condition, 306, 308.	**Emprisonnement**	2 à 5 ans.
	Amende	100 à 600 fr.
	Surveillance	0 *ou* 5 à 10 ans.
Même menace *verbale*, avec conditions, 307, 308.	**Emprisonnement**	6 mois à 2 ans.
	Amende	25 à 300 fr.
	Surveillance	0 *ou* 5 à 10 ans.

SECTION II. — *Coups et blessures, avortement, (débit d'armes prohibées ou boissons falsifiées)* *.

Coups ou blessures volontaires, sans intention de tuer, ayant causé la *mort*, 309-2°.	**Travaux forcés** 5 à 20 ans.	Dégrad. civique Interdict. légale Surveill. à vie.
Même crime, prémédité, 310.	**Travaux forcés** à perpétuité.	Dégrad. civique Interdict. légale Incap. de recev.
Même crime, non prémédité, contre ascendant légitime, père ou mère naturels ou adoptifs, 309-2°, 312-4°.	———	———
Coups ou blessures volontaires, ayant produit *incapacité de travail* personnel *pendant vingt et un jours*, 309-1°.	**Reclusion** 5 à 10 ans.	Dégrad. civique Interdict. légale Surveill. à vie.
Même crime, prémédité, 310.	**Travaux forcés** 5 à 20 ans.	———
Même crime, contre ascendant légitime, père ou mère naturels ou adoptifs, sans préméditation, 309-1°, 312-3°.	———	———
avec préméditation, 310, 312-4°.	**Travaux forcés** à perpétuité.	Dégrad. civique Interdict. légale Incap. de recev.
Coups ou blessures volontaires, *n'ayant pas produit incapacité de travail* pendant vingt et un jours, 311-1°, 315.	**Emprisonnement** 6 jours à 2 ans,	*ou* **Amende** 0 *ou* 16 à 200 fr.
	ou tous les deux réunis **.	
	Surveillance	0 *ou* 2 à 10 ans.
Même délit, prémédité, 311-2° ***, 315.	**Emprisonnement** 2 à 5 ans.	**Amende** 50 à 500 fr.
	Surveillance	0 *ou* 2 à 10 ans.

* V. p. 26, note *. — Le débit d'armes et de boissons n'est pas ici à sa place.

** Le juge peut supprimer l'une des deux peines sans déclarer qu'il existe des circonstances atténuantes. Comparez 463-8°.

*** On peut soutenir que, dans ce cas encore, le juge peut supprimer soit l'emprisonne-

Mêmes faits contre ascendant légitime, père ou mère naturels ou adoptifs *, 312-2°.	**Reclusion** 5 à 10 ans.	Dégrad. civique Interdict. légale Surveill. à vie.
Fabrication ou débit d'*armes* prohibées par les règlements (stylets, tromblons), 314-1° et 3° **, 315.	**Emprisonnement** 6 jours à 6 mois.	**Confiscation** des armes. **Surveillance** 0 *ou* 2 à 10 ans.
Port des dites armes, 314-2°, 315.	**Amende** 16 à 200 fr.	———
Castration, 316-1°.	**Travaux forcés** à perpétuité.	Dégrad. civique Interdict. légale Incap. de recev.
Castration suivie de mort dans les 40 jours, 316-2°.	**Mort**	———
Avortement procuré à une femme : par elle-même, ou par un tiers non médecin, 317-1° et 2° ;	**Reclusion** 5 à 10 ans.	Dégrad. civique Interdict. légale Surveill. à vie.
par un officier de santé ou un pharmacien, même lorsqu'il a seulement indiqué les moyens, 317-3°.	**Travaux forcés** 5 à 20 ans.	———
Administration de *substances nuisibles* (mais non de nature à donner la mort), suivie d'incapacité de travail personnel de moins de 21 jours, 317-4°.	**Emprisonnement** **Amende** **Surveillance**	1 mois à 5 ans. 16 à 500 fr. 0 *ou* 2 à 10 ans.
Même infraction envers ascendant légitime, père ou mère naturels ou adoptifs, 317-6°.	**Reclusion** 5 à 10 ans.	Dégrad. civique Interdict. légale Surveill. à vie.
Même infraction, suivie d'incapacité de travail de 21 jours, envers d'autres personnes, 317-5°.	———	———

ment, soit l'amende, à son choix. Dans ce système, on ne comprend pas pourquoi le minimum a été si fort élevé. Au surplus, le choix est sûrement possible en déclarant des circonstances atténuantes, 463-8°.

Le Code a oublié les violences commises sans coups ni blessures. La Cour de cass. (14 avril 1821) remonte, pour les punir, jusqu'au Code du 3 brum. an IV, 605-8°.

* Les rédacteurs de l'art. 312-2° ont perdu de vue la distinction formulée dans l'art. 311 ; il en résulte que la préméditation n'est plus une circonstance aggravante, quand les blessures sont faites à un ascendant. — Un résultat semblable a lieu dans l'hypothèse des blessures suivies de mort (309), parce que l'art. 312 n'ajoute rien à la peine des travaux forcés perpétuels.

** La loi du 24 mai 1834, dont on aurait dû fondre l'art. 1er dans notre art. 314, prononce 1 mois à 1 an de **prison**, et 16 à 500 fr. d'**amende**. Elle assimille la *distribution* au *débit*. Elle prononce contre le *port* d'armes 6 jours à 6 mois de prison, et 16 à 200 fr. d'amende. La confiscation est maintenue dans les deux cas ; mais la **Surveillance** est fixée seulement de 0 à 2 ans. — La récidive double les peines. — Les circonstances atténuantes amènent l'application de l'art. 463-8°, avec **Surveillance** de 0 au maximum de l'emprisonnement.

Même infraction envers ascendant légitime, père ou mère naturels ou adoptifs, 317-6°.	**Travaux forcés** 5 à 20 ans.	Dégrad. civique Interdict. légale Surveill. à vie.
Débit de *boissons falsifiées*, nuisibles à la santé, 318.	**Emprisonnement** 6 jours à 2 ans. **Amende** 16 à 500 fr.	**Confiscation** des boissons appartenant au débitant.

Section III. — *Voies de fait imprudentes ou excusables.*

§ Ier. — Voies de fait imprudentes.

Homicide par imprudence, 319.	**Emprisonnement** 3 mois à 2 ans.	**Amende** 50 à 600 fr.
Coups ou blessures par imprudence, 320.	6 jours à 2 mois.	16 à 100 fr.

§ II. — Voies de fait excusables.

Meurtre (autre que le parricide, 323), coups ou blessures *excusables* (c'est-à-dire provoqués : par violences graves envers les personnes, 321 ;—par escalade ou effraction de clôture d'habitation, dans le jour, 322 ; — par adultère flagrant dans la maison conjugale, 324-1°, s'il s'agit du meurtre de l'épouse et de son complice, 324-2° ; par outrage violent à la pudeur, s'il s'agit de castration, 325) ;		
s'ils emportent peine *perpétuelle*, 326-2° et 4°.	**Emprisonnement** 1 à 5 ans.	**Surveillance** 0 *ou* 5 à 10 ans.
peine criminelle *temporaire*, 326-3° et 4°.	6 mois à 2 ans.	
peine *correctionnelle*, 326-5°.	6 jours à 6 mois.	

Section IV. — *Attentats aux mœurs.*

Outrage public à la pudeur, 330.	**Emprisonnement** **Amende**	3 mois à 1 an. 16 à 200 fr.
Attentat à la pudeur, consommé ou tenté sans violence, sur un enfant de *moins de onze ans*, 331.	**Reclusion** 5 à 10 ans.	Dégrad. civique Interdict. légale Surveill. à vie.

Même crime, par ascendant, individu ayant autorité, instituteur, serviteur de ces personnes ou de la victime, fonctionnaire, prêtre, ou par individu aidé d'un autre, 333.	**Travaux forcés** 5 à 20 ans.	Dégrad. civique Interdict. légale Surveill. à vie.
Viol, 331-1°.	———	———
Viol sur un enfant de *moins de quinze ans*, 332-2°.	——— 20 ans.	Dégrad. civique Interdict. légale Résidence coloniale à vie.
Attentat à la pudeur, consommé ou tenté avec *violence*, 332-3°.	**Reclusion** 5 à 10 ans.	Dégrad. civique Interdict. légale Surveill. à vie.
Même crime sur un enfant de *moins de quinze ans*, 332-4°.	**Travaux forcés** 5 à 20 ans.	———
Viol ou attentat violent à la pudeur * par ascendant, individu ayant autorité, instituteur, serviteur de ces personnes ou de la victime, fonctionnaire, prêtre, ou par individu aidé d'un autre, 333.	——— à perpétuité.	Dégrad. civique Interdict. légale Incap. de recev.
Habitude de faciliter la *débauche de mineurs* de 21 ans, 334-1°, 335.	**Emprisonnement** 6 mois à 2 ans. **Amende** 50 à 500 fr.	**Interdiction** de tut. cur. conseil de famille 2 à 5 ans. **Surveillance** 0 *ou* 2 à 5 ans.
Même délit, par personnes chargées de la surveillance des mineurs, 334-2°, 335.	**Emprisonnement** 2 à 5 ans. **Amende** 300 à 1,000 fr.	**Interdiction** de tut. cur. conseil de famille 10 à 20 ans. **Surveillance** 0 *ou* 10 à 20 ans.
Même délit par le père ou la mère, *ib.*	——— **Interdict.** de puiss. patern. sur *le* mineur.	———
Adultère de la *femme* dont le mari n'entretient pas de concubine dans la maison conjugale, 336, 337 (poursuite *facultative* pour le mari).	**Emprisonnement** 3 mois à 2 ans.	(sauf grâce du mari.)
Adultère du *complice* de la femme (prouvé par écrit de lui ou flagrant délit), 338.	———	**Amende** 100 à 2,000 fr.

* L'art. 333 oublie de distinguer, comme l'art. 332, si la victime a plus ou moins de 15 ans.

Adultère du *mari* qui entretient sa concubine dans le domicile conjugal *, 339.	**Amende**	1,000 à 2,000 fr.
Bigamie, 340-1°.	**Travaux forcés** 5 à 20 ans.	Dégrad. civique Interdict. légale Surveill. à vie.
Célébration, par officier public, du mariage qui constitue la bigamie, 340-2°.	———	———

SECTION. V. — *Arrestations et séquestrations illégales* **.

Arrestation ou détention illégale, 341-1°.	**Travaux forcés** 5 à 20 ans.	———
Prestation d'un lieu pour détenir illégalement, 341-2°.	———	———
Détention illégale de plus d'un *mois* ***, 342.	**Travaux forcés** à perpétuité.	Dégrad. civique Interdict. légale Incap. de recev.
Mêmes infractions, suivies d'*élargissement* dans les *dix jours* avant toute poursuite, 343.	**Emprisonnement**	2 à 5 ans.
	Surveillance	0 *ou* 5 à 10 ans.
Arrestation illégale, en simulant l'exercice de l'autorité publique, 344-1°.	**Travaux forcés** à perpétuité.	Dégrad. civique Interdict. légale Incap. de recev.
Arrestation ou détention illégale, avec *menace* de mort, 344-2° ;	———	———
avec *tortures* corporelles, 344-5°.	**Mort**	———

SECTION VI. — *Crimes et délits contre l'état civil ou l'existence d'un enfant, enlèvement de mineurs, délits relatifs aux inhumations.*

§ Ier. — Infractions envers les enfants.

Suppression ou *supposition* d'enfant, 345-1°.	**Reclusion** 5 à 10 ans.	Dégrad. civique Interdict. légale Surveill. à vie.

* L'adultère habituel du mari, hors du domicile conjugal, est impuni; et, à plus forte raison, l'adultère accidentel. L'indulgence de la loi est excessive pour le mari et sa complice. Une faute analogue se remarque dans l'art. 324. — La peine de l'amende est d'ailleurs nuisible à la femme. — En ménageant outre mesure le complice de la femme adultère, on a négligé de supprimer une des causes du duel.

** Complétez cette section par les art. 114 à 122.

*** La peine de la détention arbitraire devrait être calculée de manière que le coupable fût perpétuellement intéressé à mettre en liberté la personne détenue. Chaque jour ajouté à la séquestration devrait ajouter à la peine; et l'élargissement devrait être récompensé par une atténuation notable. Au contraire, le Code ne punit pas plus le coupable qui a sequestré pendant 10 ans, que celui qui a sequestré pendant 1 mois. Au bout de 11 jours, le délinquant peut attendre impunément le 29e.

Infraction	Peine	Peine accessoire
Non exhibition d'un enfant à qui de droit, par la personne qui en est chargée, 345-2°.	**Reclusion** 5 à 10 ans.	Dégrad. civique Interdict. légale Surveill. à vie.
Omission de déclarer une *naissance* au maire dans les trois jours, par personne ayant assisté à l'accouchement, 346.	**Emprisonnement** 6 jours à 6 mois.	**Amende** 16 à 300 fr.
Omission de remettre au maire un enfant *nouveau-né*, par l'inventeur qui ne déclare point s'en charger, 347.	———	———
Remise à un hospice d'un enfant de *moins de sept ans*, par personne à qui on l'a confié, et qui est tenue ou mise à même par un tiers de le nourrir, 348.	——— 42 jours à 6 mois.	——— 16 à 50 fr.
Délaissement en lieu *solitaire*, par soi-même ou par un tiers, d'un enfant de moins de sept ans, 349.	——— 6 mois à 2 ans.	——— 16 à 100 fr.
Même délit, par le tuteur ou l'instituteur de l'enfant, 350.	——— 2 ans à 5 ans.	——— 50 à 400 fr.
Même infraction, par suite de laquelle l'enfant est demeuré *estropié*, 351, 309.	**Reclusion** 5 à 10 ans.	Dégrad. civique Interdict. légale Surveill. à vie.
Même infraction, suivie de la *mort* de l'enfant, 351, 304-3°.	**Travaux forcés** à perpétuité.	Dégrad. civique Interdict. légale Incap. de recev.
Délaissement, en lieu *non solitaire*, d'enfant de moins de sept ans, 352.	**Emprisonnement** 3 mois à 1 an.	**Amende** 16 à 100 fr.
Même délit, par le tuteur ou l'instituteur de l'enfant, 353.	——— 6 mois à 2 ans.	——— 25 à 200 fr.

§ II. — Enlèvement de mineurs.

Infraction	Peine	Peine accessoire
Enlèvement frauduleux de *mineurs* du lieu où ils avaient été placés par qui de droit *, 354.	**Reclusion** 5 à 10 ans.	Dégrad. civique Interdict. légale Surveill. à vie.
Même crime à l'égard d'une *fille* de *moins de seize ans* *, 355.	**Travaux forcés** 5 à 20 ans.	———

* Le ravisseur, s'il a épousé, ne peut être condamné qu'après l'annulation du mariage, et sur la *plainte* des personnes qui ont pu la demander, 357. — Ce texte ne distingue pas ; on peut donc soutenir, contre Legraverend, qu'il s'applique au cas des art. 354 et 355, bien qu'immédiatement placé après 356. — Il exige du reste une *plainte* ; il ne se contente pas, quoi qu'en dise Mangin, de la demande en nullité du mariage. — Mais il permet la *poursuite* sur la plainte ; donc on peut soutenir, contre Mangin, MM. Chauv. et F. H., qu'elle est possible, même avant l'annulation, à la différence de la condamnation. V. cependant l'exposé des motifs.

Enlèvement, par *majeur* de 21 ans, d'une fille de moins de 16 ans qui y consent*, 356-1°.	**Travaux forcés** 5 à 20 ans.	Dégrad. civique Interdict. légale Surveill. à vie.
Même infraction, par *mineur* de 21 ans *, 356-2°.	**Emprisonnement** 2 à 5 ans.	

§ III. — Délits relatifs aux morts.

Inhumation, sans l'*autorisation* prescrite, 358-1°.	**Emprisonnement** 6 jours à 2 mois.	**Amende** 16 à 50 fr.
Contravention aux règlements sur les inhumations *précipitées* **, 358-2°.	———	———
Recèlement du *cadavre* d'une personne morte de coups et blessures, 359.	——— 6 mois à 2 ans.	——— 50 à 400 fr.
Violation de sépultures, 360.	——— 3 mois à 1 an.	——— 16 à 200 fr.

SECTION VII. — *Faux témoignage, faux serment, calomnie, révélation de secret.*

§ Ier. — Faux témoignage.

Faux témoignage, ou subornation de témoins en matière *criminelle*, 361-1°, 364-3°, 365.	**Travaux forcés** 5 à 20 ans. **Confiscation** **** (valeurs reçues)?	Dégrad. civique Interdict. légale Surveill. à vie.
Mêmes crimes, suivis de condamnation de l'accusé à mort,	**Mort** **Confiscation** **** (valeurs reçues)?	Dégrad. civique Interdict. légale Incap. de recev.
aux travaux forcés à perpétuité,	**Travaux forcés** à perpétuité. **Confiscation** **** (valeurs reçues)?	———
à la déportation, 361-2°, 364-3°, 365.	**Déportation** simple. **Confiscation** **** (valeurs reçues)?	———

* V. note *, p. 32.

** Le maire ne peut *délivrer* l'autorisation d'inhumer que 24 heures après le décès, malgré l'opinion contraire (Delv. Marc. M. Dem.) qui torture les termes de l'art. 78 du Code civil. V. mes *Notes* sur cet article, n° 468.

*** On peut soutenir que la subornation est la simple complicité du faux témoignage; elle n'est donc punissable qu'autant que le faux témoignage a eu lieu. V. cass. 18 févr. 1813. Mais on aurait dû frapper de peines correctionnelles la subornation non suivie d'effet. — En revanche, la loi aurait dû punir le faux témoin qui dépose pour l'accusé, moins rigoureusement que celui qui dépose contre lui.

**** L'application de la confiscation au faux témoignage, en matière criminelle, est contes-

Faux témoignage, ou subornation * de témoins, en matière *correctionnelle*, 362-1°,	**Reclusion** 5 à 10 ans.	Dégrad. civique Interdict. légale Surveill. à vie.
ou *civile*, 363, 365.	———	———
Faux témoignage ou subornation * de témoins en matière de *police*, 362-2°, 365.	**Dégradation civ.** **Emprisonnement**	jusqu'à réhabil. 1 à 5 ans.
Faux témoignage *avec récompense*, ou subornation par ce moyen, en matière civile ou correctionnelle, 364-1° et 3°, 365.	**Travaux forcés** 5 à 20 ans. **Confiscation** (valeurs reçues).	Dégrad. civique Interdict. légale Surveill. à vie.
Mêmes crimes, en matière de police, 364-2° et 3°, 365.	**Reclusion** 5 à 10 ans. **Confiscation** (valeurs reçues).	———
Prestation de *faux serment*, déféré ou référé, en matière civile **, 366.	**Dégrad. civique** **Emprisonnement** 0 à 5 ans.	jusqu'à réhabil. (1 jour à 5 ans, pour non citoyen).

§ II. — Calomnies, révélation de secrets ***.

Dénonciation calomnieuse, par écrit, aux officiers de justice ou de police, 373.	**Emprisonnement** 1 mois à 1 an.	**Amende** 100 à 3,000 fr.
Révélation de *secrets*, par personne que sa profession oblige à les garder (officiers de santé, pharmaciens, sages-femmes), 378.	——— 1 à 6 mois.	——— 100 à 500 fr.

table, à cause du silence de l'art. 361 ; elle se fonde sur le 3e alinéa de l'art. 364. Mieux vaut admettre un vice de rédaction qu'une inconséquence plus grave.

* L'art. 365 renvoie aux art. 362 et 363 ; mais ces textes punissent le faux témoignage *sans récompense* ; comment peut-il y avoir subornation dans ce cas ? On a peut-être songé au cas de séduction. V. aussi l'ancien art. 365.

** Ces termes paraissent exclure la violation d'un serment *promissoire*, tel que celui des fonctionnaires publics. V. par ex. les art. 48 et 68 de la C. du 4 nov. 1848. — Comment concilier 366 avec C. civ. 1363 et I. cr. 3 ? V. mes *Notes* sur le C. civ. n° 5373.

*** V. p. 24, note ***. Les art. 367 à 372, 374 à 377 sont abrogés par la loi du 17 mai 1819. — L'exception contenue dans l'art. 378 se référait aux art. 103 et 105, aujourd'hui abrogés. Elle n'aurait d'utilité que si une loi ultérieure lui en donnait, ce qui est peu vraisemblable.

CHAPITRE II. — Crimes et Délits contre les propriétés *.

SECTION Ire. *Vol, [altération de clefs, de marchandises, d'objets saisis].*

Vol (soustraction frauduleuse de chose appartenant à une personne qui n'est pas le conjoint, même veuf, le parent ou allié direct du voleur **, 379, 380), avec les cinq *circonstances* aggravantes qui suivent : 1° de nuit ; 2° par plusieurs ; 3° avec armes ; 4° *soit* avec effraction extérieure, escalade ou fausses clefs, dans une habitation, *soit* en prenant titre ou costume d'un fonctionnaire ou en supposant son ordre ; 5° avec violence ou menace de violence, 381.	**Travaux forcés** à perpétuité.	Dégrad. civique Interdict. légale Incap. de recev.
Vol avec *violence* laissant des traces de blessures ou contusions, 382-2°.	————	————
Vol sur *chemin public*, avec *deux* circonstances ;	————	————
avec *une* circonstance ;	**Travaux forcés** 5 à 20 ans.	Dégrad. civique Interdict. légale Surveill. à vie.
sans circonstances, 383.	**Reclusion** 5 à 10 ans.	————
Vol, soit avec *effraction*, même intérieure (bris de scellés, 253), *escalade* ou *fausses clefs*, même dans édifice ou enclos ne servant pas à l'habitation ;	**Travaux forcés** 5 à 20 ans.	————
soit en prenant le *titre* ou le *costume* d'un fonctionnaire, ou en supposant un ordre officiel, 384.	————	————
Vol avec violence *sans traces*, 385 ***,	————	————

* En étudiant le chap. II, on aura perpétuellement présente à la pensée la disposition de l'art. 462, d'après laquelle, si les délits indiqués dans ce chapitre comme entraînant la prison, sont commis par un officier de police, le minimum est d'un mois en sus du maximum ordinaire, et le maximum d'un tiers en sus. Tel est le sens de cet article, dont la rédaction ferait croire, au premier coup-d'œil, que le minimum est d'*un mois* absolument.

** En droit romain, le complice du vol commis par le fils de famille, au préjudice de son père, était punissable (Inst. § 12, *oblig. ex delicto*). J'admettrais une décision analogue, dans le cas de l'art. 380, nonobstant MM. Chauv. et F. Hélie.

*** Il suit de l'art. 385 que l'art. 382-1°, d'après lequel deux des quatre premières circonstances sont nécessaires pour que la violence entraîne les travaux forcés à temps, est sans application. Cette méprise provient de la modification apportée, en 1832, à l'art. 382-1°. — Pareillement, l'art. 384 rend inutile l'art. 383-2°, en tant qu'il serait susceptible de se référer à la quatrième circonstance ; mais l'exposé des motifs restreint l'emploi de faux titre ou de faux ordre au cas de vol dans une maison habitée.

Vol de nuit, par plusieurs, avec armes, 385.	**Travaux forcés** 5 à 20 ans.	Dégrad. civique Interdict. légale Surveill. à vie.
Vol dans un temple ou un lieu servant à l'*habitation*, de nuit *ou* par plusieurs, 386-1°.	**Reclusion** 5 à 10 ans.	——
Vol à main *armée*, 386-2°.	——	——
Vol dans une *habitation* où travaillait habituellement le voleur ; — *ou* par homme de service à gages, envers des personnes se trouvant dans la maison où il accompagnait son maître, 386-3°.	——	——
Vol, par *hôtelier*, *voiturier* ou leur préposé, des choses à eux confiées à ce titre, 386-4°.	——	——
Altération, par *voiturier* ou son préposé, de marchandises à lui confiées à ce titre, avec mélange *malfaisant*, 387-1°.	——	——
sans mélange malfaisant, 387-2°.	**Emprisonnement*** **Amende**	1 mois à 1 an. 16 à 100 fr.
Vol (ou tentative de vol) de bêtes de trait ou de somme, ou bétail, ou instruments d'agriculture, *dans les champs* ; de bois dans une *vente ;* de pierres dans les *carrières;* de poissons dans les *étangs* ou réservoirs, 388-1°, 2° et 6°.	**Emprisonnement*** **Amende** **Interdict. civiq.** **Surveillance**	1 à 5 ans. 16 à 500 fr. 0 *ou* 5 à 10 ans.
Vol (ou tentative de vol) dans les champs, de *récoltes détachées*, à l'aide de voitures ou bêtes de somme, *ou* de nuit, *ou* par plusieurs, 388-4° et 6°.	——	——
Même vol, de jour, par un seul, sans voitures ni bêtes, 388-3° et 6°.	**Emprisonnement*** **Amende** **Interdict. civiq.** **Surveillance**	15 jours à 2 ans. 16 à 200 fr. 0 *ou* 5 à 10 ans.
Vol (ou tentative de vol), dans les champs, de *récoltes non détachées*, à l'aide de moyens de transport, *ou* de nuit, *ou* par plusieurs, 388-5° et 6°.	——	——
Vol avec déplacement de bornes, 389.	**Reclusion** 5 à 10 ans.	Dégrad. civique Interdict. légale Surveill. à vie.

* V. p. 35, note *.

Contrefaçon ou altération *de clefs*, par serrurier de profession, 399-2° ;	**Reclusion** 5 à 10 ans.	Dégrad. civique Interdict. légale Surveill. à vie.
par autre personne, 399-1°.	**Emprisonnement** **Amende**	3 mois à 2 ans. 25 à 150 fr.
Extorsion violente de la signature ou de la remise *d'un acte* constatant la création ou l'extinction d'un droit, 400-1°.	**Travaux forcés** 5 à 20 ans.	Dégrad. civique Interdict. légale Surveill. à vie.
Destruction ou détournement (ou tentative de détournement) par le saisi (son conjoint et ses parents directs qui l'ont aidé), des *objets saisis* dont il est gardien, 400-2°*, 406, 405.	**Emprisonnement** **Amende** **Interdict. civiq.**	2 mois à 2 ans. 25 fr. à 1/4 des indemnités. 0 *ou* 5 à 10 ans.
Même délit, quand les objets saisis ont été confiés à un tiers, 400-3°. Vols (ou tentatives de vols) non spécifiés plus haut ** (*larcins*, *filouteries*), 401.	**Emprisonnement** **Amende** **Interdict. civiq.** **Surveillance**	1 à 5 ans. 16 à 500 fr. 0 *ou* 5 à 10 ans.

SECTION II. — *Fraudes commerciales.*

§ I. — Banqueroute et Escroquerie.

Banqueroute frauduleuse (soustraction des livres, détournement de l'actif, accroissement frauduleux du passif, C. com., 591), 402-2°.	**Travaux forcés** 5 à 20 ans.	Dégrad. civique Interdict. légale Surveill. à vie.
Recèlement des biens du failli, dans son intérêt, (C. com., 593-1°), 403.	————	————
Présentation frauduleuse et affirmation de créances supposées, (C. com., 593-2°), 403.	————	————
Faits de banqueroute frauduleuse par individu faisant le commerce sous un faux nom ; (C. com., 593-3°), 403.	————	————

* L'art. 400-2° renvoie à l'art. 406 ; celui-ci renvoie de son côté à l'art. 405-2°. Même observation pour l'art. 408. Il était facile d'éviter cet enchevêtrement de renvois.

** Donc le vol de récoltes détachées, ailleurs que dans les champs, peut être puni plus rigoureusement que si cette circonstance aggravante existait ; cas auquel l'art. 388-3° fixe le maximum de la prison à deux ans et celui de l'amende à 200 fr.

Banqueroute simple (Cas *obligatoires :* dépenses excessives, opérations considérables de pur hasard; achats pour revendre à perte, emprunts, circulations pour retarder la faillite, paiement d'un créancier au préjudice de la masse, C. com., 585). (Cas *facultatifs :* engagements excessifs pour autrui; faillite après concordat inexécuté, omission de remettre son de contrat de mariage au greffe; de déclarer la cessation de paiements; de se présenter au juge ou aux syndics, omission ou irrégularité de livres et d'inventaire; C. com., 586), 402-3°.	**Emprisonnement** 1 mois à 2 ans.	
Faillite d'*agent de change* ou *courtier*, 404.	**Travaux forcés** 5 à 20 ans.	Dégrad. civique Interdict. légale Surveill. à vie.
Banqueroute frauduleuse des mêmes, 404.	**Travaux forcés** à perpétuité.	Dégrad. civique Interdict. légale Incap. de recev.
Escroquerie (ou tentative d'escroquerie), par obtention de valeurs, à l'aide de faux noms ou de fausses qualités ou de manœuvres frauduleuses faisant espérer ou craindre un résultat chimérique, 405.	**Emprisonnement***	1 à 5 ans.
	Amende	50 à 3,000 fr.
	Interdict. civiq.	0 *ou* 5 à 10 ans.

§ II. — Abus de confiance.

Abus des besoins ou faiblesses d'un *mineur* pour lui faire souscrire, à son préjudice, un reçu pour prêt de valeurs mobilières, 406, 405.	**Emprisonnement*** 2 mois à 2 ans. **Amende** 25 fr. à 1/4 des indem.	**Interdiction civique** 0 *ou* 5 à 10 ans.
Abus d'un *blanc-seing* confié, en écrivant frauduleusement au-dessus un acte qui compromet le signataire, 407, 405.	**Emprisonnement*** 1 à 5 ans. **Amende** 50 à 3,000 fr.	———
Détournement, au préjudice des ayant droit, de valeurs remises à titre de louage, *dépôt*, mandat, *ou* pour un travail, à charge de les rendre ou d'en faire un usage déterminé, 408-1°, 406, 405.	**Emprisonnement*** 2 mois à 2 ans. **Amende** 25 fr. à 1/4 des indem.	———
Même infraction, par *homme à gages*, au préjudice de son maître, 408-2°.	**Reclusion** 5 à 10 ans.	Dégrad. civique Interdict. légale Surveill. à vie.
Soustraction d'une *pièce*, par celui qui l'a *produite* dans un procès, 409.	**Amende**	25 à 300 fr.

* V. page 35, note *.

§ III. — Contraventions relatives aux Maisons de jeu, de prêt sur gages et aux Loteries.

Tenue de maisons publiques de *jeux* de hasard, de la banque de ces maisons ; Établissement ou tenue de *loteries* non autorisées * ; Exercice d'un emploi dans *ces* établissements, 410.	**Emprisonnement**	2 à 6 mois.
	Amende	1,000 à 6,000 fr.
	Interdict. civiq.	0 *ou* 5 à 10 ans.
	Confiscation	(valeurs mises au jeu ou en loterie, meubles destinés au service ou garnissant les lieux).
Établissement ou tenue de maison de *prêt sur gage*, non autorisée ; Tenue de maison de prêt autorisée, *sans registres* conformes aux règlements, 411.	**Emprisonnement**	15 jours à 3 mois
	Amende	100 à 2,000 fr.

§ IV. — Entraves à la liberté des Enchères.

	Emprisonnement	Amende
Entraves à la liberté des enchères, dans une adjudication, par *voies de fait* ou menaces, pendant ou auparavant, 412-1°.	15 jours à 3 mois.	100 à 5,000 fr.
Éloignement des enchérisseurs par *récompense*, 412-2°.	——	——

§ V. — Violation des règlements relatifs aux Manufactures, au Commerce et aux Arts.

Violation des réglements qui garantissent la qualité, la dimension et la nature des produits exportés, 413.	**Amende** 200 à 3,000 fr.	*ou* **Confiscation** des marchandises
	ou les deux peines réunies.	
Coalition pour forcer l'abaissement des *salaires* ; pour les faire hausser, ou pour empêcher les travaux, suivie de tentative d'exécution, 414 ; *loi du* 27 *novembre* 1849.	**Emprisonnement** 6 jours à 3 mois.	**Amende** 16 à 3,000 fr.

* Sont réputées loteries les ventes effectuées par la voie du sort, et toutes opérations offertes au public pour faire espérer un gain acquis par la même voie (*loi du* 21 *mai* 1836). En cas de vente d'immeubles, la confiscation peut s'élever jusqu'à la valeur de ces immeubles ; disposition de constitutionnalité douteuse. — En cas de nouvelle condamnation, les peines de l'art. 410 peuvent être portées au double du maximum, ce qui paraît s'appliquer même aux personnes indiquées par ce texte (dite *loi*, 1 et 3). La loi de 1836 étend l'art. 410 aux agents de loterie étrangères, et l'art. 411 à ceux qui facilitent la distribution des billets.

V., pour les jeux tenus sur la voie publique, l'art. 475-5° et l'art. 478-2°, qui fait un délit de la récidive en pareil cas.

Prononciation d'*amende* de la part des directeurs d'ateliers contre les ouvriers, ou réciproquement, ou de la part des uns contre les autres, dans un autre but que celui d'établir la discipline intérieure, 415, *loi de* 1849.	**Emprisonnement** 6 jours à 3 mois.	**Amende** 16 à 3,000 fr.
Les deux délits précédents, par les chefs et moteurs, 414 à 416; *loi de* 1849.*	2 à 5 ans.	**Surveillance** 0 *ou* 2 à 5 ans.
Envoi, en pays *étranger*, d'employés ou d'ouvriers d'un établissement, pour nuire à l'industrie française, 417.	6 mois à 2 ans.	**Amende** 50 à 300 fr.
Révélation des *secrets* d'une fabrique, par un de ses employés, à étranger ou Français résidant à l'étranger, 418-1°.	**Reclusion** 5 à 10 ans. **Amende** 500 fr. à 20,000 fr.	Dégrad. civique Interdict. légale Surveill. à vie.
Même révélation à des Français résidant en France, 418-2°.	**Emprisonnement** **Amende**	3 mois à 2 ans. 16 à 200 fr.
Manœuvres *frauduleuses* ayant opéré la *hausse* ou la *baisse* des substances farineuses ou des boissons, 420.	**Emprisonnement** 2 mois à 2 ans. **Amende** 1,000 à 20,000 fr.	**Surveillance** 0 *ou* 5 à 10 ans.
Mêmes manœuvres, appliquées aux marchandises ou *effets publics*, 419.	**Emprisonnement** 1 mois à 1 ans. **Amende** 500 à 10,000 fr.	0 *ou* 2 à 5 ans.
Pari sur la hausse ou la baisse des *effets publics*, 421 ; Convention de vendre ou livrer des effets publics qui ne sont pas à la disposition du promettant, lors de la convention ou ne doivent pas s'y trouver lors de la livraison, ** 422.	**Emprisonnement** 1 mois à un an. **Amende** 500 à 10,000 fr.	

* Le dernier alinéa de 414 ne répète pas, peut-être par inadvertance, l'amende prononcée par le premier alinéa ; sous ce rapport, les chefs et moteurs sont mieux traités que les autres. — Les condamnés à un mois de prison peuvent être exclus de Lyon et de la Seine. *Loi* du 9 *juill.* 1852.

**Les art. 421 et 422 sont interprétés par MM. Chauveau et F. Hélie d'une manière beaucoup trop indulgente. L'art. 422 ne limite point l'art. 421. Il ne suffit pas, pour échapper à l'art. 422, de prouver qu'on avait ou qu'on pouvait avoir une *somme* assez forte pour se procurer les effets qu'on a vendus ; il faut prouver qu'on avait un droit acquis à se les faire remettre, par exemple en vertu d'un achat à terme ou au comptant. L'art. 422 atteint les ventes au comptant, c'est-à-dire avec promesse de payer comptant, aussi bien que les ventes à terme. Ces textes tendent, non seulement à prévenir les fraudes peu dangereuses des spéculateurs insolvables, comme le dit l'exposé des motifs ; mais encore à prévenir les maux qu'entraîne le jeu et son influence sur la valeur des effets publics. V. art. 410, 419, 420. On n'atteindra guère ces résultats qu'en punissant les agents de change qui vendent sans avoir les titres du vendeur, ou achètent sans avoir l'argent de l'acheteur. Les ventes *à découvert*, surtout, sont dangereuses ; on pourrait donc interdire la vente qui ne serait pas précédée du *dépôt des titres* entre les mains d'un *officier* public.

Tromperie d'un *vendeur* sur la nature ou qualité des marchandises, ou sur leur quantité, par fausses mesures, * 423, 424-2°.	**Emprisonnement** **Amende** 50 fr. à 1/4 des indem. **Confiscation** (objets du délit *ou* leur valeur *et* fausses mesures).	3 mois à 1 an.
Contrefaçon (édition contraire aux réglements sur la propriété des auteurs, 425); introduction en France d'ouvrages contrefaits à l'étranger, 426, 427.	**Amende** 100 à 2,000 fr.	**Confiscation** (pour l'auteur; édition contref. planches et moules).
Débit ** d'ouvrages contrefaits, 426, 427.	——— 25 à 500 fr.	———
Représentation, par entrepreneur de spectacle, d'ouvrages *dramatiques*, contre les réglements sur la propriété des auteurs, 428.	——— 50 à 500 fr.	**Confiscation** pour l'auteur (des recettes).

§ VI. — [Crimes et] Délits des fournisseurs [d'armées] ***

Cessation, par le fait d'un fournisseur d'armée, du service dont il est chargé, 430.	**Reclusion** 5 à 10 ans. **Amende** 500 fr. à 1/4 des indemnités.	Dégrad. civique Interdict. légale Surveill. à vie.
Même crime, par *agent* de fournisseur, 431.	———	———
Aide donnée au même crime, par salarié de l'État, 432.	**Travaux forcés** 5 à 20 ans.	———
Négligence ayant retardé les livraisons ou travaux des fournisseurs d'armée; fraude sur la qualité ou quantité des fournitures, 433.	**Emprisonnement** **Amende**	6 mois à 5 ans. 100 fr. à 1/4 des indemnités.

Section III. — *Dégradations.*

Incendie ****, ou destruction par *mine*, d'édifices, navires ou magasins servant à l'*habitation* ou à des réunions, 434-1° et 2°, 435.	**Mort**	Dégrad. civique Interdict. légale Incap. de recev.

* Quand les marchandises contiennent une *mixtion nuisible*, même connue de l'acheteur, la *loi* du 27 *mars* 1851 prononce 3 mois à 2 ans de prison, et une amende de 50 à 500 fr., ou au quart des indemnités. La récidive, dans les 5 ans d'une première condamnation, permet d'élever l'emprisonnement au double du maximum, et l'amende à 1,000 fr. ou à la moitié des indemnités. — La loi de 1851 prévoit plusieurs délits analogues et notamment la tromperie de l'*acheteur*. On aurait dû l'insérer dans le Code pénal.

** L'annonce sur un catalogue est une manifestation de l'intention de débiter, et non un acte de débit, quoi qu'en disent MM. Chauv. et F. H. Mais la loi aurait dû la punir.

*** Ces délits ne peuvent être poursuivis que sur la dénonciation du pouvoir exécutif, 433-2°.

**** Celui qui cause l'incendie en mettant le feu à des objets placés de manière à communi-

Incendie * ou destruction par *mine* de bâtiments ou magasins ne servant pas à l'habitation, ou de bois ou récoltes,		
s'ils appartiennent *à autrui*, 434-3°, 435 ;	**Travaux forcés** à perpétuité.	Dégrad. civique Interdict. légale Incap. de recev.
s'ils appartiennent au coupable, mais avec préjudice volontaire pour autrui, 434-4°, 435.	**Travaux forcés** 5 à 20 ans.	Dégrad. civique Interdict. légale Surveill. à vie.
Incendie * de bois ou récoltes *détachés du sol*,		
s'ils appartiennent à autrui, 434-5° ;	———	———
s'ils appartiennent au coupable, mais avec préjudice volontaire pour autrui, 434-6°.	**Reclusion** 5 à 10 ans.	———
Incendie* quelconque (434-1° à 7°) ayant occasionné la *mort* d'une personne qui se trouvait dans les lieux incendiés, 434-8°.	**Mort**	Dégrad. civique Interdict. légale Incap. de recev.
Menace écrite d'incendier ** une propriété, avec ordre de remplir des conditions, 436, 305.	**Travaux forcés** 5 à 20 ans.	Dégrad. civique Interdict. légale Surveill. à vie.
Même menace, sans conditions, 436, 306, 308.	**Emprisonnement** 2 à 5 ans.*** **Amende** 100 à 600 fr.	**Surveillance** 0 *ou* 5 à 10 ans.
Même menace verbale, avec condition, 436, 307, 308.	**Emprisonnement** 6 mois à 2 ans.*** **Amende** 25 à 300 fr.	———
Renversement volontaire de constructions qu'on sait appartenir à autrui, 437-1°.	**Reclusion** 5 à 10 ans. **Amende** 100 fr. à 1/4 indemn.	Dégrad. civique Interdict. légale Surveill. à vie.
Même crime, avec blessures ;	**Travaux forcés** 5 à 20 ans.	———
avec homicide, 437-2°.	**Mort**	Dégrad. civique Interdict. légale Incap. de recev.

quer l'incendie, est puni comme s'il avait directement mis le feu à la chose incendiée, 434-7°. — Voyez, pour l'incendie par imprudence, art. 458. — Les art. 434 et 435 ne distinguent pas entre les propriétés privées et celles de l'État : donc ils s'appliquent à ces dernières. Si l'on admet cette conséquence, on devra restreindre l'art. 95 au cas où le crime compromet la sûreté de l'État (arg. de la rubrique du chap. I du titre I.

* V. la note précédente.

** Le texte n'a pas prévu la menace de détruire les biens autrement que par le feu.

*** V. p. 35, note *.

Empêchement, par voies de fait, *à des travaux* autorisés par le pouvoir exécutif, 438-1°.	**Emprisonnement** 3 mois à 2 ans.	**Amende** 16 fr. à 1/4 des indemnités.
Même délit, par les moteurs, 438-2°.	2 ans.	1/4 des indemnités.
Destruction volontaire d'*actes* originaux de l'autorité publique, ou effets de commerce, 439-2°.	**Reclusion** 5 à 10 ans.	Dégrad. civique Interdict. légale Surveill. à vie.
Même délit, sur toute autre espèce d'actes, 439-3°.	**Emprisonnement** **Amende**	2 à 5 ans. 100 à 300 fr.
Pillage ou dégât de propriétés *mobilières*, en réunion * et à force ouverte, 440.	**Travaux forcés** 5 à 20 ans. **Amende** 200 à 5,000 fr.	Dégrad. civique Interdict. légale Surveill. à vie.
Même crime, quand l'auteur a été entraîné par provocations ou sollicitations, 441.	**Reclusion** ** 5 à 10 ans.	———
Même crime, sur boissons ou substances farineuses, par chef ou provocateur, 442.	**Travaux forcés** 20 ans. **Amende** 5,000 fr.	Dégrad. civique Interdict. légale Résidence coloniale à vie.
Dégât volontaire de *marchandises* ou matières premières, 443-1°.	**Emprisonnement** 1 mois à 2 ans.	**Amende** 16 fr. à 1/4 des indemnités.
Même délit, par ouvrier ou commis, 443-2°.	2 à 5 ans.	———
Dévastation de *récoltes* sur pied ou de plants, 444, 455.	**Emprisonnement** **Amende** **Surveillance**	2 à 5 ans. 16 fr. à 1/4 des indemnités. 0 *ou* 5 à 10 ans.
Même délit, de nuit, ou à raison de fonctions publiques, 444, 450, 455.	**Emprisonnement** **Amende** **Surveillance**	5 ans. 1/4 des indemnités. 10 ans ***

* La loi ne fixe point de chiffre, ainsi qu'elle l'a fait dans les art. 210 à 212. La limite posée par ces derniers textes ne peut être étendue par voie d'analogie, quoi qu'en aient dit MM. Chauv. et F. H., d'après la Cour de cassation. C'est au juge d'apprécier. La loi 4, § 3, *de vi bonorum* n'indique point le nombre 5; Carnot s'y est trompé.

** Il est fort douteux qu'il y ait amende dans ce cas, à cause du silence de l'art. 441; bien qu'il se réfère à l'art. 440 et qu'il y ait presque identité de raison.

*** La surveillance est-elle facultative dans ce cas? NON, d'après l'art. 450-2° (*sera puni...*); OUI, d'après l'art. 444-2° (*pourront...*). Si l'affirmative prévaut, l'observation critique de la p. 5, note * recevra ici son plus haut degré d'application.

Abattage ou mutilation mortelle d'*arbres* qu'on sait à autrui, 445, 446, 455.	**Emprisonnement** 6 jours à 6 mois par arbre * (5 ans au plus)	**Amende** 16 fr. à 1/4 des indemnités.
Abattage ou mutilation mortelle d'arbres, sur la voie publique, 448, 455.	20 jours à 6 mois par arbre (5 ans au plus).	——
Les deux mêmes délits, de nuit, ou à raison de fonctions publiques, 448, 450, 455.	6 mois par arbre (5 ans au plus).	1/4 des indemnités ? **
Destruction de *greffes*, 447, 455.	6 jours à 2 mois par greffe * (2 ans au plus).	16 fr. à 1/4 des indemnités.
Même délit, sur la voie publique, 448.	10 jours à 2 mois par greffe (2 ans au plus).	——
Les deux mêmes délits, de nuit, ou à raison de fonctions publiques, 450.	2 mois par greffe (2 ans au plus).	1/4 des indemnités ? **
Coupe de fourrages ou *grains* qu'on sait à autrui, 449, 455.	6 jours à 2 mois.	16 fr. à 1/4 des indemnités.
Même délit, de nuit, ou à raison de fonctions publiques, 450, 455.	2 mois.	1/4 des indemnités ? **
Coupe de grains *en vert* [qu'on sait à autrui?], 450-1°, 455.	20 jours à 4 mois.	16 fr. à 1/4 des indemnités.
Même délit, de nuit, ou à raison de fonctions publiques, 450-2° et 3°, 455.	4 mois.	1/4 des indemnités ? **
Rupture d'instruments agricoles, parcs de bestiaux, cabanes de gardiens, 451, 455.	**Emprisonnement** 1 mois à 1 an.	**Amende** 16 fr. à 1/4 des indemnités.
Empoisonnement de bêtes de trait ou de somme, bestiaux, chèvres, porcs, poissons d'étangs ou réservoirs, 452, 455.	**Emprisonnement** **Amende** **Surveillance**	1 à 5 ans. 16 à 300 fr. *** 0 *ou* 2 à 5 ans.

* Le nombre des jours est multiplié par celui des *arbres* ; et dans le cas de 447, par le nombre des *greffes*. Il en résulte près de 60 combinaisons différentes, quant à la durée de l'emprisonnement. — La fixation d'un maximum dans les art. 445 à 448 offre quelque inconvénient ; tout fait nouveau de destruction devrait faire progresser la peine.

** L'aggravation établie par l'art. 450-2° et 3° s'étend-elle à l'amende ? On pourrait soutenir le contraire, en se fondant sur ce que le texte se refère littéralement à des articles qui ne prononcent que la prison. Pour l'affirmative, on dira que l'art. 455 s'identifie en quelque sorte avec les dispositions qu'il complète.

*** L'art. 452 est compris dans le renvoi général de l'art. 455; mais comme il règle spécialement le chiffre de l'amende, l'indication qu'il donne doit prévaloir sur celle de 455. L'inadvertance est ici présumable.

	Emprisonnement	Amende
Meurtre *, sans nécessité, *de bêtes* de trait ou de somme, bestiaux, chèvres, porcs, poissons d'étangs ou réservoirs :		
1° dans l'immeuble dont leur maître était preneur ou propriétaire, 453-2°, 455 ;	2 à 6 mois.	16 fr. à 1/4 des indemnités.
avec violation de clôture, 453-5°, 455;	6 mois.	1/4 des indemnités? **
2° dans l'immeuble dont le délinquant est propriétaire ou preneur, 453-3°, 455;	6 jours à 1 mois.	16 fr. à 1/4 des indemnités.
3° dans un autre lieu, 453-4°, 455;	15 à 42 jours.	—
avec violation de clôture, 453-5°, 455 ;	42 jours.	1/4 des indemnités? **
Meurtre *, sans nécessité, d'animal *domestique*, dans le lieu dont son maître est propriétaire ou preneur, 454-1°, 455.	6 jours à 6 mois.	16 fr. à 1/4 des indemnités.
Même délit, avec violation de clôture, 454-2°, 455.	6 mois.	1/4 des indemnités? **
Comblement de fossés, *destruction de clôtures* ***, ou haies, suppression ou déplacement de bornes ou d'arbres destinés à établir les limites, 456.	1 mois à 1 an.	50 fr. à 1/4 des indemnités.
Innondation de chemin ou bien d'autrui par élévation du déversoir d'une usine ou d'un étang dont le délinquant a la jouissance, au-dessus de la hauteur légale, 457-1°.		—
Même délit, avec dégradation, 457-2°.	**Emprisonnement** 6 jours à 1 mois.	—
Incendie du bien d'autrui, par omission de réparer ou nettoyer les fours, cheminées, usines ; — feu allumé à moins de 100 mètres de bâtiments ou amas de matières combustibles ; — port ou abandon de lumière sans précaution ; — tir imprudent d'artifices, 458. (*V.* 471 à 473).	**Amende** 50 à 500 fr.	

* Il s'agit d'un meurtre par d'autres moyens que le poison. Comp. art. 452. — Les blessures volontaires aux animaux sont oubliées, et, par conséquent, impunies (sauf l'art. 479-2° à 4°). Cependant la Cour de cass. (5 février 1818) veut qu'on applique la loi sur la police rurale ; mais v. art. 484.

** L'aggravation établie par l'art. 453-3° s'étend-elle à l'amende? V. p. 44, note **.

*** Le mot *clôtures*, dans sa généralité, comprend les clôtures de maisons (*v.* Cass. 31 janvier 1822) ; mais ici, placé entre les fossés, les haies et les bornes, il semble avoir une signification plus restreinte.

	Emprisonnement	Amende
Omission de renfermer des animaux suspects de *contagion*, et d'avertir le maire, 459.	6 jours à 2 mois.	16 à 200 fr.
Action de laisser communiquer des animaux infectés, avec d'autres, malgré défense administrative, 460.	2 à 6 mois.	100 à 500 fr.
Même délit, suivi de contagion *, 461.	2 à 5 ans.	100 à 1,000 fr.

Circonstances atténuantes, 463. V. ci-après page 53.

* Il serait urgent de promulguer un *Code rural*. La loi de 1791 est modifiée sur tant de points par les lois postérieures et spécialement par le Code pénal, qu'on ne saurait dire précisément lesquelles de ses dispositions sont encore en vigueur.

LIVRE IV DU CODE PÉNAL

CONTRAVENTIONS.

Section I. — *Première classe.* (Art. 471.)

1° Omission de réparer ou nettoyer les fours, *cheminées*, usines où l'on fait du feu;	**Amende** 1 à 5 fr.	
2° Tir d'*artifice* en lieu prohibé, 472, 473;	———	**Emprisonnement** 0 à 3 jours. **Confiscation** des pièces d'artifice.
3° Omission d'éclairer ou de *nettoyer* les rues et passages, quand cela est prescrit;	———	
4° Obstruction non nécessaire de la voie publique; — omission d'y éclairer les matériaux ou excavations selon les réglements;	———	
5° Inexécution des réglements de petite voirie; — omission de réparer ou démolir, sur sommation, les édifices menaçant ruine;	———	
6° *Jet* ou exposition d'objets nuisibles au devant de son édifice;	———	
7° Abandon, sur la voie publique ou dans les champs, d'instruments propres à délinquer, 472;	———	**Confiscation** des instruments.
8° Omission d'*écheniller* où cela est prescrit;	———	
9° Consommation, sur place, des *fruits* d'autrui;	———	
10° Glanage ou *grapillage* dans les champs non récoltés, — ou bien avant le lever ou après le coucher du soleil, 473;	———	**Emprisonnement** 0 à 3 jours.
11° *Injures* sans imputation de vice déterminé, ou sans publicité, et sans provocation;	———	
12° *Jet* imprudent d'immondices sur quelqu'un;	———	

13° *Passage*, sans droit, sur terrain préparé ou ensemencé;	**Amende** 1 à 5 fr.	
14° Action de laisser passer ses bestiaux, ses bêtes de trait ou de somme, sur terrain d'autrui, avant la récolte enlevée; [mais après qu'elle est coupée; comp., 475-10°];	——	
15° *Violation des règlements* administratifs ou municipaux, légalement faits;	——	
Contravention de 1re classe, en *récidive*, dans les douze mois d'une condamnation précédente par le même tribunal, 474, 483.	——	**Emprisonnement** 1 à 3 jours.

SECTION II. — *Deuxième classe.* (Art. 475.)

1° Inobservation de *bans* autorisés;	**Amende** 6 à 10 fr.	
2° Omission, par *logeurs* ou loueurs de maisons garnies, de tenir registre régulier des personnes logées pendant une nuit; d'exhiber le registre à qui de droit;	——	
3° Inobservation, par *conducteurs* de voitures ou bêtes de charge, des réglements qui les obligent de se tenir à même de les conduire, ou de laisser la moitié de la voie publique aux autres voitures, 476;	——	**Emprisonnement** 0 à 3 jours.
4° Action de laisser courir des bêtes de somme ou de trait en lieu habité;	——	
Violation des *réglements* sur chargement ou direction des *voitures;* solidité, poids, mode de charger; nombre et sûreté des voyageurs, 476;	•	**Emprisonnement** 0 à 3 jours.
indication des places, du prix, du propriétaire;	——	
5° Tenue de *jeu* de hasard sur la voie publique ou dans des lieux publics, 477 *;	——	**Confiscation** (instrum. et enjeux).
6° Débit de *boissons* falsifiées **, sans mixtion nuisible, 476, 477;	——	—— (boissons falsifiées). **Emprisonnement** 0 à 3 jours.

* L'art. 477 renvoie à l'art. 476; mais c'est une bévue manifeste. V. *Cass.*, 14 *déc.* 1832.

** La loi du 27 mars 1851 ne prononce pas l'abrogation du n° 6. Cependant les termes de cette loi semblent comprendre les boissons dans leur généralité (*marchandises.. . substances.... denrées....*) ; elle emploie, dans son art. 5, le mot *effusion*. Dans tous les cas, il y avait identité de motifs.

7° Action de laisser divaguer des *fous* qu'on a sous sa garde, ou des *animaux* malfaisants; Omission de retenir son chien s'il attaque un passant;	**Amende** 6 à 10 fr.	
8° *Jet* de corps durs ou immondices contre bâtiments ou clôtures, ou dans l'enclos d'autrui;	——	**Emprisonnement** 0 à 3 jours.
Jet volontaire des mêmes objets sur quelqu'un, 476;	——	——
9° *Passage*, sans droit, sur terrain chargé de fruits mûrs ou presque mûrs;	——	
10° Action de laisser passer des bestiaux, ou bêtes de trait ou de somme sur terrain chargé de récoltes ou bois taillis d'autrui;	——	
11° Refus de recevoir *monnaies* ayant cours;	——	
12° Omission de prêter *secours* requis en cas d'accident, flagrant délit, clameur publique ou exécution judiciaire;	——	
13° Publication ou distribution d'*imprimés* sans indication d'auteur ou imprimeur (noms, profession et demeure); — exposition ou distribution de pamphlets ou dessins immoraux, suivies de *révélation*, par les afficheurs ou distributeurs *, de la personne dont ils tiennent l'écrit; par qui que ce soit, de l'imprimeur ou graveur; par l'imprimeur ou graveur **, de l'auteur ou éditeur, 283, 284, 287, 288;	——	**Confiscation** des écrits ou gravures.
14° V. *loi du* 27 *mars* 1851 ***;		

* Le libraire qui est dans ce cas encourt une amende de 2,000 fr. réductible à 1,000 s'il fait connaître l'*imprimeur*. *Loi* du 21 *oct.* 1814, 19. — Les crieurs et afficheurs doivent observer les *lois* du 10 *déc.* 1830 et du 16 *févr.* 1834.

** D'après la loi de 1814, l'imprimeur est punissable, s'il n'indique pas son nom, quand même il révèlerait l'auteur ou le libraire. *V.* p. 24, note***.

*** La vente ou mise en vente de denrées que l'on sait falsifiées ou corrompues, est punie des peines de l'art. 423. Le fait de les avoir dans son magasin ou dans un marché est puni de 6 à 10 jours de *prison*, et de 16 à 25 fr. d'*amende*. Si les substances sont nuisibles, l'emprisonnement est porté à 15 jours et l'amende à 50 fr. *Loi* du 27 *mars* 1851.

15° *Vol de végétaux* utiles, non détachés du sol, sans circonstances aggravantes ni moyens de transport. (*Compar.* 388).	**Amende** 6 à 10 fr.	
Contravention de 2e classe (moins la 5e), en *récidive*, dans les douze mois et dans le même ressort, 478-1°, 483.	—	**Emprisonnement** 1 à 5 jours.
5e contravention en récidive *, 478-2°.	16 à 200 fr. **Confiscation**	6 jours à 1 mois. (instrum. et enjeux).

SECTION III. — *Troisième classe.* (Art. 479).

1° Dommage volontaire aux *meubles* d'autrui, sans circonstances de délit;	**Amende** 11 à 15 fr.	
2° Action d'occasionner la *mort* ou la *blessure d'animaux* d'autrui par divagation de fous ou animaux malfaisants, par mauvaise direction ou chargement de voiture, ou bêtes de trait ou de somme;	—	
3° Même dommage par usage d'armes imprudent ou jet de corps durs, 480.	—	**Emprisonnement** 0 à 5 jours.
4° Même dommage par défaut d'entretien des bâtiments; par travaux, sans les précautions voulues, près de la voie publique;	—	
5° V. *loi du* 27 *mars* 1851 **.	—	
6° Emploi de *mesures* autres que les légales, 480, 481;	—	**Confiscation** (mesures) **Emprisonnement** 0 à 5 jours.
Vente, par *boulanger* ou par *boucher*, au-dessus de la taxe, 480;	—	**Emprisonnement** 0 à 5 jours.
7° Métier de *devin*, 481;	—	**Confiscation** (instruments et costumes) ***.

* S'agit-il seulement d'une *seconde* récidive ? On pourrait le soutenir en s'appuyant sur la généralité des termes de 478-1°, et sur le mot *repris* de 478-2°. — L'art. 478-2° ne prononce pas la confiscation; mais l'art. 477 l'ordonne sans distinguer s'il y a, ou non, récidive. — Ce cas est le seul où la contravention se transforme en *délit*, par l'effet de la récidive.

** Le fait d'avoir, dans son magasin ou dans un marché, de fausses mesures est puni de 6 à 10 jours de *prison* et de 16 à 25 fr. d'*amende*. La tromperie à l'aide de fausses mesures est punie des peines portées par l'art. 423. *Loi* du 27 *mars* 1851.

*** L'art. 480-4° ne prononce expressément la prison que contre les *interprètes de songes*. On peut donc soutenir que les *devins* y échappent, bien qu'ils ne méritent pas plus de faveur.

Métier d'interprète de songes, 480, 481.	**Amende** 11 à 15 fr.	**Emprisonnement** 0 à 5 jours. **Confiscation** (instruments et costumes).
8° *Bruit* injurieux ou nocturne troublant les habitants, par auteurs ou *complices*, 480-5°.	———	**Emprisonnement** 0 à 5 jours.
9° Destruction malicieuse d'*affiches* administratives ;	———	
10° Conduite de *bestiaux* sur le terrain d'autrui ;	———	
11° Détérioration ou usurpation de *chemin public* ;	———	
12° Enlèvement non autorisé de gazons, terres ou pierres des chemins publics ; Enlèvement de terres ou matériaux d'un lieu communal, sauf usage contraire.	———	
Contravention de 3e classe, en *récidive*, dans les 12 mois d'une condamnation précédente par le même tribunal, 482, 483.	———	**Emprisonnement** 5 jours.

Circonstances atténuantes, 483, V. ci-après, p. 57.

On trouvera, p. 63, une classification des contraventions modelée sur celle des crimes et délits, dans le livre III.

LIVRE I DU CODE PÉNAL

[*Aggravation après coup, pour violation de condamnations pénales* *.]

Rentrée d'un *déporté* en France, 17-2°.	**Travaux forcés** à perpétuité.	Dégrad. civique Interdict. légale Incap. de recev.
Rentrée d'un *banni* en France, avant la fin de sa peine, 33.	**Détention** temps égal au reste du bannissement *ou* double.	Dégrad. civique Interdict. légale Surveill. à vie.
Rupture de ban par un condamné placé sous la *surveillance* de la police, 45.	**Emprisonnement** 1 jour à 5 ans **.	

[*Aggravation pour récidive.*]

Crime précédé d'une condamnation à peine *criminelle*,		
s'il emporte la dégradation civique ;	**Bannissement** 5 à 10 ans.	Dégrad. civique Surveill. 48.
— le bannissement ;	**Détention** 5 à 20 ans.	Dégrad. civique Interdict. légale Surveill. à vie.
— la reclusion ;	**Travaux forcés** 5 à 20 ans.	———
— la détention ;	**Détention** 20 à 40 ans.	———
— les travaux forcés à temps.	**Travaux forcés** 20 à 40 ans.	Dégrad. civique Interdict. légale Résidence coloniale à vie.
— la déportation *** ;	**Travaux forcés** à perpétuité.	Dégrad. civique Interdict. légale Incap. de recev.

* La *loi* du 30 *mai* 1854 punit l'évasion du forçat, depuis son embarquement, par 2 à 5 ans de travaux forcés en sus ; ou, s'il est condamné à perpétuité, par l'application à la *double chaîne*, de 2 à 5 ans. Le libéré qui quitte la colonie sans autorisation ou ne rentre pas quand l'autorisation a pris fin, est puni de 1 à 3 ans de travaux forcés. *V.* p. 21, note *.

** L'art. 45 ne fixe pas de *minimum*. *V.* cep. art. 40. — Un *décret-loi* du 8 *décembre* 1851 *permet* de substituer à cette peine, la *transportation* dans une colonie pénitentaire, par *mesure de sûreté*, pendant 5 à 10 ans, avec *privation des droits* CIVILS et politiques ! Mais *V.* mon *Droit const.*, p. 778 ; et mon *Supplément* au *Cours de droit criminel* de J. B. S. P.

*** L'art. 56-6° a évidemment besoin d'être rectifié aujourd'hui : la déportation simple devrait être remplacée par la déportation dans une enceinte fortifiée ; celle-ci n'a pas d'aggravation possible, en matière politique. Les rédacteurs de la *loi* du 8 *juin* 1850 ont commis un oubli fâcheux. Mais faut-il exécuter dès à présent ce qu'ils auraient dû prescrire ? L'affirmative, admise par MM. Molinier, Chauv. et F.-Hélie, Bertauld, me paraît difficilement conciliable avec le texte du Code.

Crime emportant les travaux forcés à perpétuité, précédé d'une condamnation à la même peine, 56.	**Mort**	Dégrad. civique Interdict. légale Incapacité de recevoir.
Délit précédé d'une condamnation pour crime, 57.	*Maximum* de la peine jusqu'au double.	
Délit, précédé d'une condamnation correctionnelle à plus d'*un* an de prison, 58.	———	**Surveillance** 5 à 10 ans.
Contravention précédée, dans les 12 mois, d'un jugement pour contravention commise dans le même ressort, 483.	**Emprisonnement**	V. p. 47 à 51 *.

* L'art. 478-2° fournit le seul exemple dans lequel la récidive fasse monter l'infraction d'un degré.

LIVRE II DU CODE PÉNAL

[*Extension des peines par la complicité.*]

Complicité * de crime ou délit, 59, 60.	*Même peine* que l'auteur.	
Prestation habituelle de *retraite*, faite sciemment, aux malfaiteurs qui exercent des violences, 61.	————	
Recèlement de choses obtenues par crime ou délit, 62.	————	
Recèlement de choses obtenues par crime entraînant peine de *mort*, 63-1° ;	**Travaux forcés** à perpétuité.	Dégrad. civique Interdict. légale Incapacité de recevoir.
entraînant une peine *perpétuelle*, si le receleur ignore les circonstances auxquelles elle est attachée par la loi, 63-2°.	**Travaux forcés** 5 à 20 ans.	Dégrad. civique Interdict. légale Surveill. à vie.

[*Atténuations fondées sur l'âge.*]

Crime ou délit, par *mineur de* 16 *ans*, sans discernement, 66.	*Éducation* dans une maison de correction	de 0 à l'âge de 20 ans.
Crime, par mineur de 16 ans, *sans discernement*, entraînant :		
les travaux forcés à perpétuité, la déportation,	**Emprisonnement** 10 à 20 ans.	**Surveillance** 0 *ou* 5 à 10 ans.
les travaux forcés à temps, la détention, la reclusion,	———— 1/3 à 1/2 de la peine encourue **.	————

* D'après la *loi* du 17 *mai* 1819, art. 1er, la provocation par discours ou écrit public est réputée complicité. — Si la provocation n'a été suivie d'aucun effet, elle est punie de 3 mois à 5 ans de *prison* et de 50 à 6,000 fr. d'*amende*, quand il s'agit d'un crime; de 3 jours à 2 ans de *prison* et de 30 à 4,000 fr. d'*amende ;* ou de l'une des deux peines, quand il s'agit d'un délit. Si la peine de l'auteur était moindre, elle devrait être appliquée. V. la *loi* du 17 *mai* 1819, dont les art. 1 à 3 devraient être insérés dans le Code.

** Quelle est la base de ce calcul? Est-ce le maximum seulement ou le minimum seulement? On trouve, dans le premier système, fondé sur la lettre (*V.* note *, page 55): 6 ans 8 mois à 10 ans (3 ans 4 mois à 5 ans, pour le cas de reclusion); dans le second système : 1 an 8 mois à 2 ans 6 mois, pour tous les cas. Ne serait-ce pas plutôt 1/3 du minimum à 1/2 du maximum? c'est-à-dire 1 an 8 mois à 10 ans (1 an 8 mois à cinq ans, pour le cas de reclusion)?
L'art. 67-3° aurait besoin d'être législativement éclairci.

Crime, par mineur de 16 ans *sans discernement*, entraînant : le bannissement, la dégradation civique, 67.	**Emprisonnement** 1 à 5 ans.	
Délit, par mineur de 16 ans, avec discernement, 69.	1/3 au plus de la *peine* encourue *.	
Crime, par *septuagénaire*, entraînant la déportation, 71.	**Détention** à perpétuité.	Dégrad. civique Interdict. légale
Crime, par *sexagénaire*, entraînant les travaux forcés à perpétuité ;	**Reclusion** à perpétuité.	————
les travaux forcés à temps, *loi* du 30 *mai* 1854.	**Reclusion** 5 à 10 ans.	Surveill. à vie.

* Il semble difficile ici de ne pas prendre pour point de départ le maximum ; en effet, c'est le maximum qui est la limite du possible ; or, le texte veut qu'on prenne la moitié de la peine à laquelle le mineur *aurait pu* être condamné.

Circonstances atténuantes déclarées par le jury :*

1° Avec crime entraînant la *mort*, 463-2° ;	**Travaux forcés** à perpétuité *ou* 5 à 20 ans **.	Dégrad. Interd. Incap. de recev. Dégrad. Interd. Surveill. à vie.
si ce crime est contre la sûreté de l'État, sauf le cas de 86 [96, 97] ; *ib*.	**Déportation** ** *ou* **Détention** 5 à 20 ans.	Dégrad. Interd. Incap. de recev. Dégrad. Interd. Surveill. à vie.
2° Avec crime entraînant les *travaux forcés à perpétuité*, 463-3°.	**Travaux forcés** 5 à 20 ans *ou* **Reclusion** 5 à 10 ans.	—————— ——————
3° Avec crime entraînant *déportation* dans une enceinte *fortifiée*, au cas de 96, 97; *loi* du 8 *juin* 1850 ;	**Déportation** simple **.	Dégrad. civique Interdict. légale Incap. de recev.
dans les autres cas, *ib*.	**Déportation** simple *ou* **Détention** 5 à 20 ans.	—————— Dégrad. Interd. Surveill. à vie.
Avec crime entraînant *déportation simple*, 463-4°.	**Détention** 5 à 20 ans *ou* **Bannissement** 5 à 10 ans.	Dégrad. Interd. Surveill. à vie. Dégrad. civique Surveill. 48.
4° Avec crime entraînant *travaux forcés* pendant 20 ans, 463-7° ;	**Travaux forcés** 5 ans *** *ou* **Détention** 5 à 20 ans.	Dégrad. Interd. Surveill. à vie. ——————
pendant 5 à 20 ans, 463-5°.	**Reclusion** 5 à 10 ans *ou* **Emprisonnement** 2 à 5 ans **Amende** 16 à 500 fr.	—————— **Interd. civ.** et **Surveill.** 0 *ou* 5 à 10 ans.
5° Avec crime entraînant *détention* pendant 20 ans, 463-7°.	**Détention** 5 ans *** *ou* **Reclusion** 5 à 10 ans.	Dégrad. Interd. Surveill. à vie. ——————
pendant 5 à 20 ans, 463-6°.	**Emprisonnement** 1 à 5 ans **Amende** 16 à 500 fr.	**Interd. civ.** et **Surveill.** 0 *ou* 5 à 10 ans.
6° Avec crime entraînant *reclusion* pendant 10 ans, 463-7°.	**Reclusion** 5 ans *** *ou* **Bannissement** 5 à 10 ans.	Dégrad. Interd. Surveill. à vie. Dégrad. civique Surveill. 48.
pendant 5 à 10 ans, 463-6°.	**Emprisonnement** 1 à 5 ans **Amende** 16 à 500 fr.	**Interd. civ.** et **Surveill.** 0 *ou* 5 à 10 ans.
7° Avec crime entraînant *bannissement*, 463-6°.	——————	——————
8° Avec crime entraînant *dégradation civique*, *ib*.	——————	——————

Circonstances atténuantes reconnues par le Tribunal de police simple ou correctionnelle (463-8°, 483-2°) :

1° Avec délit ou contravention entraînant emprisonnement et amende ;	**Emprisonnement** 1 jour au moins	*et* **Amende** 1 fr. au moins.
	ou	
	Emprisonnement	1 jour au moins.
	ou	
	Amende	1 fr. au moins.
2° Avec délit ou contravention entraînant emprisonnement seul ;	**Emprisonnement**	1 jour au moins
	ou	****
	Amende	1 fr. au moins.
3° Avec délit ou contravention entraînant amende seule.	**Amende**	1 fr. au moins.

* Le texte de l'art. 463 n'a songé qu'au cas le plus ordinaire : celui ou le jury connaît des crimes et le tribunal correctionnel des délits. Quand la *Cour d'assises* juge par contumace, elle doit avoir la faculté qu'aurait le jury, puisqu'elle le remplace. (*V.* Charles Berriat S. P., Revue *Fœlix*, 1842, nonobstant *cass.*, 4 *mars* 1842). Quand le *jury* connaît d'un délit qui avait d'abord les apparences d'un crime, il doit avoir la faculté qu'aurait le tribunal correctionnel, puisqu'il le remplace, comme juge du fait (*V.* cependant *Cass.* 8 mars 1833 et 22 juill. 1852 ; *MM. Molinier, Bertauld, Chauveau, F.-Hélie,* qui se contredisent en adoptant une solution contraire pour le cas de contumace ; ils ont été entraînés par une observation fausse du rapporteur de 1832).

** L'échelle de l'art. 463 est sujette à plus d'une critique. L'alternative accordée entre la perpétuité et 5 à 20 ans de travaux forcés, entre la déportation et 5 à 20 ans de détention (463-2°), me paraît mal calculée. Il fallait supprimer le maximum habituel de 20 ans et fixer la durée des travaux forcés ou de la détention, de 5 ans à perpétuité. Entre les circonstances qui exigent une condamnation perpétuelle et celles qui veulent une condamnation à 20 ans, il y a bien des nuances possibles. — L'atténuation indiquée par la *loi* du 8 *juin* 1850 est tout à fait insuffisante.

*** L'alternative accordée par 463-7° est souvent peu judicieuse. Ainsi elle permet de substituer la reclusion à la détention, le bannissement à la reclusion, la détention aux travaux forcés. Elle semble considérer 10 ans de reclusion comme un adoucissement à 5 ans de détention.—Quand la récidive entraîne 20 à 40 ans de travaux forcés ou de détention, on se trouve dans le cas de 463-7°.— Cet alinéa est du reste inapplicable à la détention, en ce sens que nulle part le Code ne prononce le maximum de cette peine.

**** La loi oublie de dire quel sera le *maximum* de l'amende substituée à l'emprisonnement seul. MM. Chauveau et F. Hélie proposent 15 francs. Mais rien ne prouve que, dans l'esprit du Code, 1 jour de prison soit une peine moins forte que 16 francs d'amende. Il est des délits punis d'une amende de 2,000 fr., sans emprisonnement. (*V.* art. 339, etc.). Une loi est nécessaire. — Si le délit entraîne la *surveillance*, le juge peut-il la supprimer ou la restreindre ? Non, d'après le silence du texte. Cependant ce résultat paraît presque absurde, quand le juge prononce des peines de simple police, lesquelles ne sont jamais accompagnées de surveillance ; mais quand le juge prononce des peines correctionnelles, l'argument disparaît et l'affirmative jette dans l'arbitraire. Le législateur a commis un oubli ; il faut le réparer par une loi.

RÉSUMÉ DE LA CLASSIFICATION DES DÉLITS

PAR LE CODE PÉNAL.

CRIMES ET DÉLITS PROPREMENT DITS. (Livre III.)

Crimes et Délits contre la chose publique. (Titre Ier.)

Crimes et Délits contre la sûreté de l'État. (Chap. Ier.)

1° **Sûreté extérieure.** (Sect. I.)	Actes tendant à exciter ou favoriser une guerre contre la France, ou à compromettre ses intérêts militaires.
2° **Sûreté intérieure.** (Sect. II.)	Actes tendant à changer le gouvernement *. — Attentats et offenses contre le chef du pouvoir exécutif et sa famille (§ 1er). Actes tendant à exciter ou favoriser la guerre civile, le massacre ou le pillage dans une commune ; l'envahissement des biens de l'État ou d'une généralité de citoyens (§ 2).

Crimes et Délits contre la Constitution. (Chap. II.) **

1° **Contre les droits civiques.** (Sect. I.)	Empêchement à leur exercice ; falsification des résultats.
2° **Contre la liberté.** (Sect. II.)	Actes de fonctionnaires attentatoires à la liberté individuelle, ou inconstitutionnels.
3° **Contre l'exécution des lois.** (Sect. III.)	Coalition de fonctionnaires pour empêcher l'exécution des lois ou des ordres (légaux) du Gouvernement.
4° **Contre la division des pouvoirs.** (Sect. IV.)	Empiètement des agents d'un pouvoir sur les autres pouvoirs.

* Ce sont des délits contre la Constitution ; comme tels, ils rentrent dans le chap. II. — Les faits suivants auraient dû être compris dans la section IV du chap. III. — La Constit. de 1852 ne prévoit pas le cas où elle serait violée ; il en était autrement de celle de 1848, art. 68.

** Il s'agit ici, non-seulement d'actes attentatoires à la Constitution (art. 87 et 114), mais encore d'actes qui violent des droits consacrés directement par des textes constitutionnels. Sous ce rapport, le chapitre n'est pas en harmonie avec les constitutions qui se sont succédé depuis 1810. La Charte figure encore dans l'intitulé. *V.* p. 2, note **.

Crimes et Délits contre la paix publique. (Chap. III.) *

1° **Faux.** (Sect. I.)	Falsification des monnaies (§ 1er). — des marques et billets publics (§ 2). — des actes authentiques ou commerciaux (§ 3). — des actes privés non commerciaux (§ 4). — des passeports, feuilles de route, certificats (§ 5).
2° **Forfaiture.** (Sect. II.) **	Soustraction de valeurs ou actes par ceux qui en sont dépositaires publics (§ 1er). Concussion (§ 2). Spéculations incompatibles avec les fonctions publiques (§ 3). Corruption de fonctionnaires (§ 4). Abus d'autorité : 1° contre les particuliers ; 2° contre la chose publique (§ 5). Délits contre l'état civil (§ 6). Anticipation ou prolongation de fonctions (§ 7).
3° **Délits sacerdotaux.** (Sect. III.)	Délits contre l'état civil (§ 1er). Critiques de l'autorité, par discours publics (§ 2), ou par écrit (§ 3) ***. Correspondance avec puissances étrangères (§ 4).
4° **Désobéissance à l'autorité.** (Sect. IV.)	Rébellion (§ 1er) ****. Outrages ou violences contre fonctionnaires (§ 2). Refus de service dû légalement (§ 3). Évasion de détenus, recèlement de criminels (§ 4). Bris de scellés ; enlèvement de pièces (§ 5).

* Au fond, tous les délits troublent la paix publique. Mais il en est qui troublent la sécurité sans violer, quant à présent, aucun autre droit. Si les rédacteurs ont entendu parler de ceux-là, il auraient dû rejeter ailleurs bien des hypothèses prévues par le chapitre III. — Ainsi l'usage de fausse monnaie est un crime contre la propriété.

** La plupart des délits prévus par le chap. II sont des cas de forfaiture. *V.* sur le sens de ce mot, p. 11, note **.— Cette section se rattache au chap. III, sect. II, § 5, sect. IV, § 8, et au titre II, chap. I, sect. V.—Les §§ 1 et 2 prévoient des délits contre la propriété et des abus de confiance. Les abus d'autorité prévus par le § 5 sont des délits contre la Constitution. *V.* chap. II. — Le n° 2 se rapproche, par son objet, de la sect. III du chap. II. — Dans le § 6, il ne s'agit pas seulement de la *tenue* des actes, comme dit le texte ; mais le § est fort incomplet. Il se rattache au § 1er de la sect. III, et au titre II, chap. Ier, sect. VI.

*** Les §§ 2 et 3 n'en font qu'un, à vrai dire.

**** Les §§ 1, 3, 7 et 8 s'occupent de délits contre la Constitution ; *V.* chap. II.—Les §§ 5 et 6 prévoient des délits contre les propriétés.

	Dégradation de monuments (§ 6). Usurpation de titres (§ 7). Entraves aux cultes (§ 8).
5° **Profession nuisible** ou absence de profession honorable. (Sect. V.)	Associations contre les personnes ou propriétés (§ 1er). Vagabondage (§ 2). Mendicité (§ 3).
6° **Publication illégale.** (Sect. VI.)*	Publication sans nom d'auteur ou d'imprimeur ; — ou immorale.
7° **Association illégale.** (Sect. VII.)	Association de 21 personnes, non autorisée ; prestation de lieu de réunion.

Crimes et Délits contre les particuliers. (Titre II.)

Crimes et Délits contre les Personnes. (Chap. I.)

1° **Crimes capitaux.** (Sect. I.)	Assassinat, parricide, infanticide, empoisonnement, tortures pour crimes, meurtre (§ 1er). Menaces d'attentat personnel (§ 2) **.
2° **Lésions corporelles** sans homicide. (Sect. II.)	Coups, blessures, castration, avortement, administration de substances nuisibles ***.
3° **Homicide** et **lésions corporelles** moins punissables. (Sect. III.)	Homicide, coups et blessures par imprudence (§ 1er). Homicide, coups ou blessures excusables (§ 2).
4° **Attentats aux mœurs.** (Sect. IV.)	Outrages, attentats à la pudeur ; viol, excitation à la débauche, adultère, bigamie.
5° **Arrestation illégale.** (Sect. V.) ****	Arrestation, séquestration illégale ; prestation d'un lieu pour l'exercer.

* *V.* sur l'insuffisance de cette section, la note ***, p. 24.

** Le § 2 est loin de contenir toutes les règles sur les menaces. *V.* art. 179, 222, 214, 314, 436.

*** La section II traite, en outre, du débit d'armes prohibées ou de boissons falsifiées.

**** La section V se complète par le chap. II du tit. Ier, sect. II.

6° **Délits** contre enfants ou mineurs, contre l'état civil; délits relatifs aux inhumations. (Sect. VI.)	Suppression, supposition ou abandon d'enfant (§ 1er). Enlèvement de mineurs (§ 2). Inhumations non autorisées; recèlement de cadavre; violation de sépultures (§ 3) *.
7° **Mensonges** ou **Assertions vraies** nuisibles. (Sect. VII.)	Faux témoignage, faux serment (§ 1er). Dénonciation calomnieuse, révélation de secrets (§ 2) **.

Crimes et Délits contre les propriétés. (Chap. II.)

1° **Vol.** (Sect. I.)	Vols (altération de choses voiturées, contrefaçon de clefs ***); extorsion de signature; détournement d'objets saisis.
2° **Fraudes commerciales.** (Sect. II.)	Banqueroute, escroquerie (§ 1er). Abus de confiance; abus des faiblesses d'un mineur (§ 2). Tenue de maison de jeu ou de prêt sur gage, de loterie (§ 3). Entrave aux enchères (§ 4). Exportation illégale; manœuvres pour modifier le prix des salaires ou valeurs; actes nuisibles à l'industrie; tromperie sur les choses vendues; contrefaçon (§ 5). Délits de fournisseurs militaires (§ 6).
3° **Dégradations.** (Sect. III.)	Incendie, menace d'incendie, destruction par mine, renversement de constructions; destruction d'actes, de meubles, de boissons ou farines; de récoltes, arbres, greffes, instruments, parcs, cabanes, clôtures, animaux; coupe de grains ou fourrages; inondation; communication de contagion.

* Ce § est incomplet depuis que les articles sur les *injures* ont été abrogés sans être remplacés.

** Ce § devrait plutôt figurer dans le chap. III du tit. I.

*** L'altération de choses voiturées devrait figurer dans la section III du chap. II, et la contrefaçon de clefs dans la sect. II du même chapitre.

1° **Contraventions très légères.** (Sect. I.)	Contraventions de petite voierie; grappillage; jet imprudent de choses sales ou nuisibles; injures; passage illégal.
2° **Contraventions légères.** (Sect. II.)	Contraventions relatives au roulage; jeu de hasard; jet volontaire sur quelqu'un; passage sur terrain avec fruits; vol de récoltes, etc.
3° **Contraventions graves.** (Sect. III.)	Détérioration de meubles, animaux, affiches, chemins, terrains communaux; conduite de bestiaux sur terrain chargé de fruits; mesures illégales; bruit nocturne.

* En reléguant les contraventions dans un livre spécial, les rédacteurs ont rompu le fil des idées. Toutes les infractions ici réunies à cause de l'identité de la peine, se rattachent à des sections différentes du livre III. Si aucune n'affecte la sûreté de l'État, beaucoup compromettent la tranquillité publique, en ce sens qu'elles consistent dans l'oubli de certaines précautions qui préviennent les accidents; d'autres lèsent les personnes et surtout les propriétés. On pourrait donc les classer de la manière suivante :

Contraventions *contre la paix publique.*	Violation des réglements municipaux; omission de nettoyer les cheminées ou passages, de démolir les maisons en ruine; tir d'artifice; jet ou abandon de choses nuisibles; omission d'écheniller, 471-1° à 8° et 15°. Inobservation de bans; contraventions des logeurs, conducteurs de voitures ou bêtes, des gardiens de fous ou d'animaux; refus de monnaies, de secours; distribution d'écrits anonymes ou immoraux, 475-1° à 4°, 7°, 11° à 13°. Métier de devin, bruit nocturne, destruction d'affiches, 479-7° à 9°.
Contraventions *contre les personnes.*	Injures, jet d'immondices, 471-11°, 12°. Jet volontaire de corps durs ou sales, 475-8°. Bruit injurieux, 479-8°.
Contraventions *contre les propriétés.*	Glanage ou grappillage, passage sur terrain ensemencé, 471-9°, 10°, 13°, 14°. Jeux de hasard, débit de boissons falsifiées; passage lors de la maturité des fruits, maraudage, 475-5°, 6°, 8° à 10°, 15°. Dommage aux meubles ou animaux; emploi de mesures non légales; vente au-dessus de la taxe; conduite de bestiaux chez autrui; dégradation de chemin public ou lieu communal, 479-1° à 4°, 6°, 10° à 12°.

CLASSIFICATION DES DÉLITS

AU POINT DE VUE DES DROITS VIOLÉS *.

Droits individuels **.

Droits sur soi-même.

		Code pénal.
Droit d'existence.	Assassinat, parricide, infanticide, empoisonnement.	302
	Meurtre proprement dit.	304
	Avortement.	317
	Délaissement d'enfant en bas âge.	351
	Faux témoignage entraînant la mort.	361, 365
	Homicide par imprudence.	319
	— excusable.	326
Droit d'existence complète et intacte ***.	Coups ou blessures.	309 à 312
	— à fonctionnaire.	228 à 233
	— à un prêtre en fonctions.	263
	Tortures.	303
	Castration.	316
	Administration de substances nuisibles.	317
	Abandon d'enfant en bas âge.	351
	Coups ou blessures par imprudence.	320
	— excusables.	326
	Jet de corps durs ou immondices.	471, 475
	[Lésion corporelle quelconque].	
Droit de liberté.	Arrestation ou séquestration illégale.	341 à 344
	— par fonctionnaire.	114 à 122

* Tout délit renferme la violation d'un droit; sinon l'acte accompli ne serait point illicite, et partant ne serait point un délit. — La loi punit, il est vrai, un grand nombre d'actes par cela seul qu'il font craindre la violation ultérieure d'un droit; mais on peut dire qu'ils violent le droit de sécurité qu'a toute personne relativement à la jouissance de ses autres droits proprement dits. Il en est de même des complots, actes préparatoires et tentatives.

Certains délits simples violent plusieurs droits en même temps; après les avoir mentionnés une première fois, je les ai mentionnés de nouveau entre parenthèses. Les délits complexes (tels que le vol avec effraction, l'outrage avec violences ou blessures) doivent se décomposer; on trouvera chaque délit élémentaire à côté du droit dont il contient la violation.

Un grand nombre des droits implicitement sanctionnés par le Code pénal ne sont formulés dans aucune loi. Cette classification complète donc la législation civile en même temps qu'elle sert à comprendre la législation pénale.

** Je commence par les droits individuels, plus faciles à formuler; mais on peut intervertir l'ordre, si l'on veut s'occuper d'abord, comme le Code, des droits les plus importants.

*** Le mot *incolumitas*, employé par Doneau, est préférable à tous les équivalents français. Le droit dont il s'agit renferme le libre exercice de toutes les facultés de l'homme, la santé et même la liberté, dont j'ai fait un droit distinct.

		Code pénal.
	Faux témoignage entraînant peine afflictive.	361, 365
	Viol, attentat violent à la pudeur.	332, 333
	Entraves à un culte.	260, 261
Droit de réputation.	Calomnie.	393
	Faux témoignage entraînant peine infamante.	361, 365
	Révélation de secrets.	378
	Injures *, bruit injurieux.	471, 479
	Injures à fonctionnaires.	86, 222, 225
	— à prêtre, ou objets de culte.	262
	Excitation à la débauche.	334, 335
	Outrage non violent à la pudeur.	330, 331, 333
Droit à un certain état civil.	Suppression ou supposition d'enfant.	345
	Omission de déclarer une naissance.	346, 347
	Inscription d'acte sur feuille volante.	192
	Mariage précipité de veuve.	194

Droits sur autrui.

Droit de père de famille.	Enlèvement de mineur.	354 à 356
	(Suppression ou supposition d'enfant.	345)
	Remise d'enfant à un hospice.	348
	Mariage sans consentement de parents.	193
Droit d'époux.	Adultère.	337 à 339
	Bigamie.	340
Droits civiques.	Empêchement au vote électoral.	109, 110
	Falsification de scrutin.	111, 112

Droits sur les choses.

Droit de propriété.

Droit de posséder la chose dont on a la propriété.	Vol.	381 à 386, 388, 389, 401
	Suppression de lettres.	187
	Soustraction de deniers publics.	169 à 173
	Enlèvement d'actes ou pièces.	249 à 256, 409
Droit de jouir.	Vol de fruits; grappillage.	471, 475

* L'injure peut être considérée comme violant un droit particulier, celui d'obtenir certains égards. On pourrait aussi faire de la chasteté un droit à part. J'ai voulu simplifier et éviter autant que possible les dénominations inusitées.

		Code pénal.
Droit d'user.	Passage illégal.	471, 475, 479
	Violation de domicile.	184
Droit de conserver la chose intacte.	Meurtre ou blessures de l'animal d'autrui.	452 à 455, 479
	Communication de maladie contagieuse.	461
	Incendie.	95, 434, 458
	Destruction par mine.	95, 435
	Renversement de constructions.	437
	(Vol avec effraction.	381, etc.)
	Dégradation de chemin ou terrain.	479
	Inondation.	457
	Destruction de récoltes,	444, 450
	— d'arbres,	445, 446
	— de greffes.	447
	Dégât de meubles.	440, 441, 443, 444, 479
	— de boissons ou farines.	442
	Destruction d'actes.	439
	— d'affiches administratives.	479
Droit d'exploiter la chose.	Empêchement aux travaux officiels.	438
Propriété littéraire.	Contrefaçon.	426, 427
	Représentation non autorisée.	428
Droit de gage.	Destruction ou détournement d'objets saisis.	400
Droit de créance.	Banqueroute	402 à 404
	Abus de confiance.	407 à 409
	Délits de fournisseurs militaires.	430 à 433
Droit de conserver intact son patrimoine.	Extorsion de dettes.	400
	Escroquerie.	405
	Métier de devin ou interprète de songes.	479
	Abus des faiblesses d'un mineur.	406
	Usage de fausse monnaie.	132 à 135
	— de faux actes de créance ou propriété.	148
	— de fausses marques ou faux billets.	143
	— de fausses feuilles de route, avec perception indue.	156 à 158
	Concussion.	174
	Entrave aux enchères.	412
	Coalitions et manœuvres nuisibles à l'industrie.	414 à 422
	Tromperie sur chose vendue.	423, 424, 475
	Emploi de mesures fausses ou illégales.	479

		Code pénal.
Droit propriété imparfaite.	Violation de sépulture.	360

Droit de sécurité.

Droit d'exiger la déclaration de la vérité.	Faux témoignage *.	361 à 366
Droit de sécurité personnelle.	Menaces d'attentat personnel, avec ou sans condition.	305 à 308
	(Fautes d'officier de l'état civil.	192 à 194)
	Célébrat. prématurée de mariage religieux.	199, 200
(pour les siens.)	Abandon d'enfant en bas âge.	349, 352, 353
Droit de sécurité pécuniaire.	Menace d'incendie.	436
	[Menace de destruction par d'autres moyens.]	
	Contrefaçon de clé.	399

* Le faux témoignage peut entraîner la violation d'un droit proprement dit. Aussi se trouve-t-il déjà mentionné plus haut, pages 64 à 65.

Droits collectifs.

Droits proprement dits.

		Code pénal.
Droit d'indépendance extérieure.	Port d'armes contre la France.	75
	Actes tendant à exciter ou favoriser la guerre contre la France.	76 à 80, 83 à 85
Droit de souveraineté intérieure.	Attentat pour changer le gouvernement.	87, 89, 90
	Emploi de la force publique contre l'exécution des lois;	188 à 191
	spécialement contre la levée des troupes.	94
Droit d'exiger l'obéissance aux représentants de la Nation.	Rébellion.	209 à 213
	Évasion de détenus.	238 à 247
	Recèlement de criminels.	248
	Violation des règlements de police.	471
Droit d'exiger le respect pour eux.	(Offenses aux magistrats.	86, 222 à 233)
Droit de diviser et de limiter les pouvoirs.	Empiètement de certains fonctionnaires sur les pouvoirs des autres.	127 à 131
	Exercice indû de fonctions,	197, 258, 259, 334
	— de commandement militaire.	93
Droit d'exiger des fonctionnaires l'exercice de leur pouvoir.	Déni de justice.	185
	Refus d'obéir à l'autorité civile.	234
	Corruption.	177 à 182
	Partialité.	183
Droit d'exiger des citoyens certains actes.	Vente de suffrage.	113
	[Omission de voter.]	
	Refus de service public.	236
	Fausse dispense.	159, 160
	Usage de faux certificat.	161
	Omission de secours en cas d'accident.	475

Droit de sécurité.

		Code pénal.
Droit de sécurité politique extérieure	Livraison de plans.	81, 82
ou intérieure.	Actes tendant à favoriser la guerre civile.	91
	Enrôlement illégal.	92
	Organisation de bandes pour le pillage.	96 à 101
	Complot contre l'État.	108
	Coalition de fonctionn. contre exéc. des lois.	123 à 116
	Critiques et correspondances pastorales.	201 à 208
	Association de 21 personnes.	291 à 294
Droit de sécurité sociale en général.	Falsific. de passep. ou feuilles de route.	153 à 158
	Spéculations de fonctionnaires.	175, 176
	Corruption de fonctionnaires.	177 à 182
	Entrée en fonctions sans serment.	196
	Violation du secret des lettres.	187
	Association de malfaiteurs.	265 à 268
	Vagabondage ou mendicité.	270 à 282
	Publication anonyme.	283 à 289, 475
	Débit ou port d'armes prohibées.	314
	Exportation illégale.	413
Droit de sécurité sociale au point de vue des personnes.	Publication immorale.	287, 289
	Débit de boisson falsifiée.	318, 475
	Outrage à la pudeur sans relation à autrui.	330
	Inhumation non autorisée.	358
	Recèlement de cadavre.	359
	(Bruit injurieux.	479)
	Abandon ou jet d'objets nuisibles.	471
Droit de sécurité sociale au point de vue des biens.	Actes tendant à envahir les biens publics.	96 à 101
	Fausse monnaie.	132 à 138
	Falsification de marques et effets-publics.	139 à 142
	Tenue de maison de prêt sur gage, de jeu ou de loterie.	410, 411, 475
	Omission de renfermer les animaux suspects de maladie contagieuse.	459, 460
	Refus de monnaie légale.	475
	(Violation des règlements de police.	471)

TABLE DES PEINES

OBSERVATIONS PRÉLIMINAIRES

La Table suivante offre la contre-partie de la première. Elle énumère les peines, et place en regard de chacune, à l'aide d'une mention très sommaire, le délit auquel elle est attachée.

On va, selon la classification légale, de la peine la plus rigoureuse à la plus douce ; de la peine la plus longue à la plus courte. Les peines principales précèdent les accessoires.

L'exposition publique et la mort civile, encore écrites dans le Code pénal, ont dû être effacées de ce catalogue : l'une, en vertu d'un *décret provisoire* du **12** avril **1848**, indirectement confirmé par l'Assemblée constituante ; l'autre, en vertu d'une *loi* du **31** *mai* **1854.** La révision de **1832** avait déjà fait disparaître la marque et le carcan, cette première forme de l'exposition publique. La confiscation générale n'avait survécu que quatre ans à la promulgation du Code civil de **1810.** (*Charte* du **4** *juin* **1814, 66.**)

Les lois récentes n'ont pas introduit de peines nouvelles, si l'on ne veut tenir compte de celle que des *décrets-lois* du 27 *juin* 1488 et du 8 *décembre* 1854 ont permis de prononcer « par mesure de sûreté générale. » On a, il est vrai, grandement modifié le mode d'exécution des travaux forcés, de la déportation, de la surveillance de la police ; mais ces peines n'ont point été dénaturées ; elles ont pu garder leur nom primitif.

La *loi* du **30** *mai* **1854** fait des travaux forcés une sorte de déportation accompagnée de travail. Les condamnés du sexe masculin subissent leur peine dans les colonies françaises autres que l'Algérie, où le pouvoir exécutif doit entretenir des établissements dans ce but. La translation est facultative à l'égard des femmes. A l'expiration de la peine, si elle a duré moins de huit ans, le condamné doit résider dans la colonie un temps égal à celui des travaux forcés; au delà de *huit ans*, il doit y résider *toute sa vie!* Cette disposition obligera les juges à ne pas dépasser, sans de mûres réflexions, le terme fatal de huit années. Mieux valait leur réserver le droit d'infliger directement un exil irrévocable.

La *loi* du 8 *juin* 1850 distingue la déportation dans une enceinte fortifiée de la déportation simple; la première se subit dans la vallée de Vaïthau, aux Marquises (île de Tahuata); la seconde dans l'île de Noukahiva, qui fait partie du même archipel.

Le *décret-loi* du 8 *décembre* 1851 donne au pouvoir exécutif le droit de déterminer le lieu dans lequel devra résider le condamné placé sous la surveillance de la police. (Comparez C. pén. 44, éditions de 1810 et de 1832.)

La première colonne de la Table indique la peine dont on s'occupe; la deuxième, les peines secondaires et les incapacités qui l'accompagnent; la troisième, le délit qui motive la condamnation. Comme la pénalité est ici l'objet principal, on s'est contenté de rappeler le fait punissable par une indication abrégée; le lecteur qui chercherait un énoncé plus rigoureux des caractères constitutifs de l'incrimination, devra recourir à la Table précédente.

PEINES CRIMINELLES

*Peines principales, afflictives et infamantes**.

Peine	Peines accessoires	Crime	Code pénal.
Mort ** avec appareil spécial, 12, 13.	Dégrad. civique Interdict. légale Incap. de recev. (*loi* de 1854).	Attentat contre le chef du pouv. exéc.	86
		Parricide.	302
sans appareil, 12.	———	Crime emportant trav. forcés perpét., précédé de condamn. à cette peine.	56
		Port d'armes contre la France.	75
		Manœuvres pour engager l'ennemi à une guerre contre la France;	77
		— pour seconder ses progrès contre la France ou ses alliés.	79
		Livraison à l'étranger, de secret d'État;	80
		— à l'ennemi, de plans de fortifications, par dépositaire public ou possesseur frauduleux.	82
		Recèlement d'espions.	83
		Attentat contre la vie des parents du chef du pouv. exéc.	86
		Attentat pour exciter la guerre civile, massacrer ou piller une commune ***.	91
		Enrôlement non autorisé ***.	92
		Usurpation de commandement militaire, ou exercice malgré défense ***.	93
		Emploi de la force publique ayant empêché la levée des troupes ***.	94
		Incendie / Destruction par mine } de propriétés de l'État ***.	95
		Commandement de bande séditieuse; levée, prestation d'instruments, intelligence avec chefs ***.	96
		Commandement de bande qui a tenté les crimes des art. 86, 87, 91 ***.	97
		Participation à la même bande, suivie d'arrestation sur le lieu ***.	—
		Concert de mesures illégales contre l'État, par fonctionnaires ***.	125

* Quelle est la portée de ces dénominations? *V.* Jacques B. S. P., *Cours de droit criminel*, p. 261.

** Ne convient-il pas de changer le mode d'exécution de la peine de mort, pour la réduire autant que possible à la simple privation de la vie? *V.* mon *Droit constitutionnel*, nº 473. Convient-il de la supprimer entièrement? *Ib.*, nº 472. — L'appareil prescrit par l'art. 13 a bien peu d'utilité; il suffirait d'un indice qui avertît le spectateur de la gravité du crime. Son application au cas prévu par l'art. 86 est le résultat d'une idée fausse. — Avant la *loi du* 31 *mai* 1854, la condamnation à mort emportait la mort civile. *V.* page 1, notes * à ***.

*** Dans le cas des art. 91 à 97 et 125, on peut soutenir que la mort est remplacée par la déportation dans une enceinte fortifiée, lorsque les coupables ont un but politique. *V.* page 3, note **.

Peine principale	Peines accessoires	Crimes	Code pénal.
Mort	Dégrad. civique Interdict. légale Incapacité de recevoir.	Corrupt. de fonctionn. pour commettre un crime emportant la mort*.	178
		Corruption de juge ou de juré, ayant produit condamnation à mort.	182
		Emploi illégal de la force publique par fonctionn., ayant produit un crime punissable de mort.	191
		Provocation pastorale, suivie de sédition qui donne lieu à la peine de mort.	203
		Même provocation, par écrit pastoral.	206
		Coups donnés de guet-apens, à un fonctionn., avec intention homicide.	233
		Assassinat, infanticide, empoisonnement.	302
		Tortures pour exécuter un crime.	303
		Meurtre précédé ou suivi d'un crime;	304
		— pour faciliter un délit ou l'impunité.	—
		Castration suivie de mort dans les 40 jours.	316
	Confiscat. ** (valeurs reçues)	Arrestation illégale avec tortures.	344
		Faux témoignage } ayant produit condamnation à mort.	361
		Subornation de témoins } ayant produit condamnation à mort.	365
		Incendie ayant occasionné la mort.	434
		Incendie, Destruct. par mine } de bâtiments, magasins servant à habitation.	435
		Renversement de constructions d'autrui, avec homicide.	437
Travaux forcés* à perpétuité.** Dégradation civique Interdiction légale Incapacité de recevoir ****.	**Amende** 100 fr. à 1/4 des bénéfices.	Contrefaç. de monn. d'or ou d'argent*;	132
		— du sceau, d'effets du trésor, de billets de banque; usage des effets faux.	139
		Faux par fonctionnaire en exercice.	145
		Faux, dans un acte, par officier public.	146
	sans amende.	Rentrée d'un déporté en France.	17
		Crime emportant la déportation, précédé d'une condamn. à peine crimin.	56
		Recèlement d'objets obtenus par crime emportant la mort.	63

* Y a-t-il amende et confiscation dans ce cas et dans le suivant? *V.* page 13, note **.

** *V.* page 33, note ****.

*** Les travaux forcés occupent à peu près dans le Code la place qu'avaient, dans l'ancienne législation, les galères perpétuelles ou à temps. Aussi les expressions *galères* et *galériens* se retrouvent encore dans des livres assez récents. — En vertu de la *loi du* 30 *mai* 1854, cette peine doit se subir dans les colonies françaises, autres que l'Algérie. Toutefois les femmes *peuvent* être gardées en France.

**** L'art. 22 ajoute l'**exposition publique**; mais le *décret* provisoire du 12 *avril* 1848, confirmé indirectement par l'Assemblée constituante, l'a supprimée. La **mort civile** (art. 18) est également abolie depuis le 31 *mai* 1854.

			Code pénal.
Travaux forcés à perpétuité.	Dégrad. civique Interdict. légale Incapacité de recevoir.	Corruption de fonctionnaire pour commettre un crime emportant les travaux forcés à perpétuité *.	178
		Corruption de juge ou juré, ayant produit condamnation aux travaux forcés à perpétuité.	182
		Violences entraînant T. F. à temps ou déportation, par officier public dans ses fonctions.	186
		Emploi illégal de force publ., par fonctionn., ayant produit crime punissable de travaux forcés à perpétuité.	191
		Participation de fonctionnaire chargé de surveiller, à un crime entraînant travaux forcés ou déportation.	198
		Provocation pastorale, suivie de sédition qui donne lieu aux T. F. P.	203
		Même crime, par écrit.	206
		Coups à fonctionn. à raison de ses fonctions, suivie de mort dans les 40 jours.	231
		Prestation d'armes, par gardien, pour favoriser évasion violente.	243
		Meurtre ordinaire.	304
		Coups et blessures, suivis de mort, avec préméditation ;	310
		— sans préméditation, contre ascendant.	312
		Coups et blessures produisant incapacité de travail de 21 jours, avec préméditation, contre ascendant.	312
		Castration non suivie de mort dans les 40 jours.	316
		Attentat violent à la pudeur, par ascendant, serviteur, fonctionnaire, prêtre, ou avec aide.	333
		Détention illégale de plus d'un mois.	342
		Arrestation illég. en simulant un ordre officiel, ou avec menace de mort.	344
		Délaissement d'enfant de moins de 7 ans, en lieu solitaire, suivi de mort.	351
	Confiscation (valeurs reçues)	Faux témoignage } entraîn. condamn.	361
		Subornat. de tém. } aux trav. f. perp.	365
		Vol avec 5 circonstances aggravantes ;	381
		— avec violence laissant des traces ;	382
		— sur chemin public, avec 2 circonst.	383
		Banqueroute frauduleuse d'agent de change ou courtier.	404
		Incendie } de bâtiments ou magasins non habités, à autrui.	434
		Destruct. par mine } de bâtiments ou magasins non habités, à autrui.	435

* Y a-t-il amende et confiscation dans ce cas et le suivant. *V.* p. 13, note **.

** *V.* page 33, note ****.

			Code pénal.
Travaux forcés à perpétuité convertibles en **Travaux forcés** 5 à 20 ans.	Dégrad. Interd. Incap. de recev. / Dégrad. Interd. Surveill. à vie.	Crime entraînant la mort, avec circonstances atténuantes.	463
Déportation dans une enceinte fortifiée* à perpétuité.	Dégrad. civique Interdict. légale Incap. de recev.	Attentat contre la personne des parents du chef du pouvoir exécutif.	86
		Attentat pour changer le gouvern. ou l'hérédité du pouvoir exécutif.	87
Déportation simple à perpétuité.	———	Livraison de plans de fortific. à l'ennemi, par possess. non frauduleux.	82
		Actions hostiles non autorisées, ayant occasionné une guerre.	84
		Complot suivi d'actes préparatoires contre le gouvernement, le chef du pouvoir exécutif ou sa famille.	89
		Complot suivi d'actes préparatoires pour guerre civile, ou pillage de commune.	91
		Emploi inefficace de force publique contre la levée des troupes.	94
		Participation à bande séditieuse, avec arrestation sur place.	98
		Provocation ou direction d'une coalition de fonctionnaires, contre l'exécution des lois.	124
		Corruption de fonctionnaire pour commettre un crime entraînant déportation**.	179
		Corruption de juge ou juré, produisant condamnation à déportation.	182
		Emploi illégal de force publique, par fonctionnaire, produisant crime punissable de déportation.	191
		Provocation pastorale, suivie de sédition entraînant la déportation.	203
	Confiscat.*** (valeurs reçues)	Faux témoignage { produis. condamn.	361
		Subornat. de tém. { à déportation.	365

* La *loi* du 8 *juin* 1850 a distingué pour la première fois deux espèces de déportation, et supprimé la mort civile qu'y attachait l'art. 18. Mais la *loi* du 31 *mai* 1854 veut qu'elle produise incapacité de donner et de recevoir. Il en résulte transitoirement plusieurs catégories de déportés. — Le pouvoir exécutif peut-il accorder l'exercice de leurs droits aux condamnés placés dans une enceinte fortifiée? Non, d'après la loi de 1850. Oui, d'après la loi de 1854 qui concède cette faculté, sans distinguer entre les deux espèces de déportation. — Le texte du Code, modifié par la *loi* du 10 *juin* 1853, indique seulement deux cas de déportation dans une enceinte fortifiée; mais on peut soutenir qu'il y en a bien d'autres. *V.* page 5, note **.

Je mentionne ici, pour mémoire, la *transportation par mesure de sûreté générale*, créée par un *décret-loi* du 27 *juin* 1848, pour des faits accomplis, et reproduite pour l'avenir par un autre *décret-loi* du 8 *décembre* 1851. *V.*, sur ce qu'il en faut penser, Jacques B. S., *Cours de droit criminel*, page 261.

** Y a-t-il amende et confiscation dans ce cas? *V.* page 13, note **.

*** *V.* page 33, note ****.

			Code pénal.
Déportation convertible en **Détention** 5 à 20 ans.	Dégrad. Interd. Incap. de recev. / Dégrad. Interd. Surveill. à vie.	Crime contre la sûreté de l'État (sauf le cas des art. 86, 96, 97), entraînant la mort, avec circonstances atténuantes.	463
Travaux forcés à temps 20 à 40 ans.	Dégrad. civique Interdict. légale Résidence coloniale à vie. *	Crime emport. les travaux f. à temps, précédé de condamnation à peine criminelle.	56
20 ans (*maximum*).	**Amende** 5,000 fr.	Direction de réunion pour détruire des boissons ou substances farineuses à force ouverte.	442
	100 fr. à 1/4 des bénéfices.	Contrefaçon des timbres, marteaux, poinçons de l'État ; usage des mêmes falsifiés.	140
	Sans amende.	Acte arbitraire avec fausse signature de fonctionnaire ; falsification de cette signature.	118
		Viol d'enfant de moins de 15 ans.	332
5 à 20 ans (*durée normale*). Dégradation civique Interdiction légale Surveillance à vie.	**Amende** 100 fr. à 1/4 des bénéfices.	Contrefaçon de monnaies de cuivre ; introduction en France des monnaies fausses.	133
		Mêmes crimes pour monnaies étrangères.	134
		Faux en écriture publique ou commerciale.	147
		Usage des mêmes écritures fausses.	148
		Délivrance, par officier public, de feuille de route sous un nom supposé, avec perception indue de 100 francs au moins.	158
	1/12 à 1/4 des indemnités.	Soustraction, par dépositaire public de meubles excédant 3,000 fr. ou un tiers du dépôt du cautionnement ou de la recette d'un mois.	170
	(200 à 5,000 fr.)	Dégât violent de meubles, en réunion.	440

* Aujourd'hui, quand la condamnation excède *huit* ans, le libéré doit résider toute sa vie dans la colonie. Au-dessous de huit ans, il doit résider un temps égal à la durée de la condamnation. (*Loi* du 30 *mai* 1854, 6). C'est à l'expiration de ce temps que l'art. 47 redevient applicable. — En abrogeant l'art. 72, pour ne pas faire revenir des colonies les septuagénaires, on aurait dû prescrire un adoucissement d'exécution à leur profit.

Peine	Peine accessoire	Crime	Code pénal.
Travaux forcés à temps 5 à 20 ans. Dégradation civique Interdiction légale Surveillance à vie.	**Confiscation** (val. reçues **)	Corruption de fonctionnaire pour commettre un crime entraînant travaux forcés *.	178
		Corruption de juge ou de juré produis. condamn. aux trav. f. à temps.	182
		Faux témoignage } en matière criminelle.	361
		Suborn. de tém. } en matière criminelle.	365
		Faux tém. salarié } en matière civile ou correctionnelle.	364
		Suborn. de tém. } en matière civile ou correctionnelle.	365
	Sans autre peine accessoire.	Crime entraînant reclusion, précédé d'une condamnation à peine criminelle.	56
		Recèlement d'objets obtenus par crime punissable à perpétuité, avec ignorance des circonstances aggravantes.	63
		Prestation de lieu de réunion à bande séditieuse.	99
		Soustraction, par fonctionnaire ou préposé, d'actes déposés à raison de ses fonctions.	173
		Violences, par officier public dans ses fonctions, entraînant reclusion ou détention.	186
		Emploi illégal de force publique par fonctionnaire, produisant crime punissable des trav. forcés à temps.	191
		Participation de fonctionnaire surveill. à crime entraînant reclusion ou détention.	198
		Provocation pastorale, suivie de sédition entraînant trav. f. à temps.	203
		Rébellion armée de 21 personnes.	210
		Connivence du gardien qui laisse évader un détenu pour crime punissable à perpétuité.	240
		Aide donnée par un tiers dans le même cas.	242
		Prestation d'armes pour aider l'évasion violente.	243
		Bris de scellés sur papiers d'accusé pour crime punissable à perpétuité, par le gardien.	251
		Bris de scellés avec vol.	253
		Soustraction de papiers de dépôt public, par le dépositaire.	255
		Même crime et bris de scellés avec violences.	256
		Commandement dans bandes de malfaiteurs.	267

* Y a-t-il amende et confiscation dans ce cas et le suivant? *V.* page 13, note **.

** *V.* page 33, note ****.

			Code pénal.
Travaux forcés à temps 5 à 20 ans.	Dégrad. civique Interdict. légale Surveill. à vie.	Menace écrite d'attentat, sous condition.	305
		Coups ou blessures, suivis de mort.	300
		Coups ou blessures produis. incapacité de travail pendant 21 jours, de guet-apens ;	310
		ou envers ascendants.	312
		Avortement par médecin ; administration de substances nuisibles à ascendant, produisant incapacité de travail de 21 jours.	317
		Attentat violent à la pudeur, sur enfant de moins de 15 ans.	332
		Attentat non violent à la pudeur d'un enfant de moins de 11 ans, par ascendant, serviteur, fonctionnaire, prêtre, ou avec aide.	333
		Bigamie ; sa célébration.	340
		Arrestation illégale ; prestation de lieu *ad hoc*.	341
		Enlèvement frauduleux de fille de moins de 16 ans.	355
		Enlèvement de la même qui consent, par majeur.	356
		Vol sur chemin public, avec *une* circonstance.	383
		Vol avec effraction, escalade, fausse clef, faux titre, costume ou ordre de fonctionnaire.	384
		Vol de nuit, par plusieurs, avec armes ; ou avec violence ne laissant pas de de traces.	385
		Extorsion violente de titre ou signature.	400
		Banqueroute frauduleuse.	402
		Affirmat. de créances supposées et autres faits indiqués par C. com., 593.	403
		Faillite d'agent de change ou courtier.	404
		Aide donnée par salarié de l'État, pour faire manquer des fournitures milit.	432
		Incendie { de ses bâtiments ou magasins	434
		Destruct. par mine { pour nuire à autrui.	435
		Incendie des bois ou récoltes d'autrui.	(434)
		Menace d'incendie, sous condition.	436
		Renversement de constructions d'autrui, avec blessures.	437
Travaux forcés facultatifs 5 à 20 ans.		Crime entraînant la mort, avec circonstances atténuantes.	463
Travaux forcés convertibles en **Reclusion** 5 à 20 ans.		Crime entraînant les travaux forcés à perpét. avec circonst. atténuantes.	—

			Code pénal.
Travaux forcés 5 ans convertibles en **Détention** * 5 à 20 ans.		Crime entraînant 20 ans de trav. forcés, avec circonstances atténuantes.	463-7°
Détention * perpétuelle.	Dégrad. civique Interdict. légale	Crime de septuagénaire, entraînant la déportation.	71
——— 20 à 40 ans.	——— Surveill. à vie.	Crime entraînant la détention, précédé d'une condamn. à peine criminelle.	56
——— 5 à 20 ans.	———	Corruption de fonctionnaire pour commettre un crime entraînant détention **.	178
		Corruption de juge ou juré, produis. condamnation à détention.	182
		Communication à l'ennemi d'instruct. nuisibles à la France ou à ses alliés. Livraison de plans de fortif. à neutres ou alliés, par déposit. public ;	81
		— par possesseur frauduleux.	82
		Complot, sans actes préparatoires, contre le gouvernement, le chef du pouvoir exécutif ou sa famille.	89
		Résolution, avec acte préparatoire, d'attentat contre le chef du pouvoir exécutif ou sa famille.	90
		Complot, sans actes préparatoires, d'excitation à guerre civile, de pillage ou massacre.	91
		Emploi illégal de force publ. par fonctionnaire, produisant crime punissable de détention.	191
		Célébration religieuse de mariage par prêtre, sans preuve de célébration civile, 2e récidive.	200
		Provocation pastorale, suivie de sédition entraînant détention.	203
		Provocation pastorale écrite à désobéissance à l'autorité ou à guerre civile.	206
Détention facultative 5 à 20 ans.		Crime contre la sûreté de l'État (sauf 86, 96, 97), entraînant la mort, avec circonstances atténuantes.	463-2°
		Crime entraînant 20 ans de travaux forcés, avec circonst. atténuantes *.	463-7°

* Cette peine est réservée aux crimes politiques ; aussi est-ce mal à propos qu'elle se trouve appliquée dans l'art. 463-7°.

** Y a-t-il amende et confiscation dans ce cas et le suivant ? *V.* page 13, note ***.

			Code pénal.
Détention convertible en **Bannissement**	5 à 10 ans.	Crime entraînant déportation, avec circonstances atténuantes.	463-4°.
Détention (temps égal au reste du bannissement *ou* double).	2 jours à 20 ans.	Rentrée d'un banni en France.	33
Détention 5 ans convertible en **Reclusion**	5 à 10 ans.	Crime entraînant 20 ans de détention *, avec circonstances atténuantes.	463-7°
Reclusion perpétuelle.	Dégrad. civique Interdict. légale	Crime de sexagénaire entraînant trav. forcés à perpétuité (*loi* de 1854).	71
—— 10 ans (*maximum*).	—— Surveill. à vie. **Amende** (1/4 des bénéfices).	Usage, par mendiant ou vagabond, de feuille de route fausse, avec perception de 100 francs.	(156) 281
		Obtention, par les mêmes, de feuille de route, sous nom supposé, avec perception de 100 fr.	(157) 281
	Sans amende.	Emploi de la force publique, par fonctionnaire, contre exécution de la loi, suivi d'effet.	189
—— 5 à 10 ans. (*durée normale*).	**Amende** 100 fr. à 1/4 des bénéfices.	Usage préjudiciable à l'État de ses timbres, marteaux, poinçons, indûment possédés.	141
		Contrefaçon de marques officielles ou d'établiss. commercial; usage des marques fausses.	142
		Faux en écritures privées.	150
		Usage des écritures fausses.	151
		Falsification de feuille de route ou usage de feuille fausse, avec perception de 100 fr.	156
		Obtention de feuille de route sous nom supposé, avec percept. de 100 fr.	157
		Délivrance de feuille de route, sous nom supposé, par officier public, avec perception de 1 à 99 fr.	158
	—— (1/12 à 1/4 des indemnités).	Concussion d'officier public.	174
	—— (200 fr. au double des valeurs reçues).	Corruption de juge criminel ou juré.	181

* Cette règle est sans application, sauf le cas de récidive. Nulle part, le Code ne prononce e maximum de la détention.

Peine	Accessoire	Crime	Code pénal.
Reclusion 5 à 10 ans. Dégradation civique Interdiction légale Surveillance à vie.	**Amende** 500 à 20,000 fr.	Révélation de secrets de fabrique, par employé, à étranger ou Français résidant à l'étranger.	418
	500 fr. à 1/4 des indemnités.	Cessation, par fournisseur d'armée, du service dont il est chargé.	430
		Même crime par son agent.	431
	100 fr. à 1/4 des indemnités.	Renversem. de constructions d'autrui.	437
		Corruption de fonctionn. pour commettre un crime entraîn. reclusion*.	178
	Confiscation (valeurs reçues)	Faux témoignage salarié (en matière de police.	364
		Subornation de témoin (en matière de police.	365
		Subornation de témoin en matière civile ou correctionnelle.	—
	Avec ou sans **Amende.**	Crime de sexagénaire entraînant trav. forcés à temps. (*Loi* de 1854).	71
	Sans autre peine accessoire.	Violences entraînant dégradation civ. ou bannissement par officier public dans ses fonctions.	186
		Emploi inefficace de la force publique, par fonctionnaire, contre exécution de la loi.	188
		Participation de fonctionnaire surveillant, à crime entraînant dégradation civique ou bannissement.	198
		Provocation pastorale, suivie de sédition entraînant reclusion.	203
		Rébellion non armée de 21 personnes.	210
		Rébellion armée de 3 à 20 personnes.	211
		Coups à fonctionnaire, à raison de ses fonct., suivis de bless. ou maladie.	231
		Coups au même, de guet-apens.	232
		Connivence de gardien qui laisse évader un détenu pour crime entraînant peine afflictive.	239
		Prestation d'instrument pour évasion violente.	241
		Connivence d'un tiers avec gardien pour évasion de détenu pour crime entraînant peine afflictive.	242
		Bris de scellés, sur papiers d'accusé pour crime entraîn. peine perpét.	251
		Soustract. de papiers de dépôt public.	255
		Service dans une bande de malfaiteurs; prestation à la bande d'instruments ou retraite.	268
		Violences par mendiant ou vagabond.	279

* Y a-t-il amende et confiscation dans ce cas ? *V.* page 13, note ***.

			Code pénal.
Reclusion 5 à 10 ans.	Dégrad. civique Interdict. légale Surveill. à vie.	Coups et blessures produisant incapacité de travail pendant 21 jours.	309
		Coups et blessures contre ascendants.	312
		Avortement par autre que médecin ;— administrat. de substances nuisibles.	317
		Attentat non violent à la pudeur d'enfant de moins de 11 ans.	331
		Attentat violent à la pudeur.	332
		Suppression, supposition d'enfant; non exhibition à qui de droit par celui qui en est chargé.	345
		Délaissement en lieu solitaire d'enfant de moins de 7 ans, qui en demeure estropié.	351
		Enlèvement frauduleux ou violent de mineur.	354
		Faux témoign. } en mat. correct.	362 à 364
		Suborn. de tém. } ou civile.	365
		Vol sur chemin public.	383
		Vol de nuit, *ou* par plusieurs, dans un temple ou lieu habité; Vol à main armée; Vol dans une habitation où travaillait le voleur; Vol, par hôtelier ou voiturier, de choses à eux confiées.	386
		Altération nuisible, par voiturier ou son préposé, de choses voiturées.	387
		Vol avec déplacement de bornes.	389
		Contrefaçon de clés, par serrurier.	390
		Abus de confiance par homme à gages.	408
		Incendie de ses propres bois et récoltes, nuisible à autrui.	434
		Destruction d'actes officiels ou effets commerciaux.	439
		Dégât violent de meubles, en réunion, mais après provoc. ou sollicitation.	441
Reclusion facultative.		Crime entraînant les travaux forcés à perpét. avec circonst. atténuantes.	463-3°
		— 20 ans de détention, avec circonstances atténuantes.	463-7°
Reclusion convertible en **Emprisonnement** 2 à 5 ans.	**Amende** 16 à 500 fr. **Interd. civ.** *et* **Surveill.** 0 *ou* 5 à 10 ans.	Crime entraînant travaux forcés à temps, avec circonstances atténuantes.	463-5°
Reclusion convertible en **Bannissement**	5 ans. 5 à 10 ans.	Crime entraînant 10 ans de reclusion, circonstances atténuantes.	463-7°

Peines simplement infamantes.

Peine	Peine accessoire	Crime	Code pénal.
Bannissement * 10 ans (*maximum*). Dégradation civique Surveillance (égale durée).	**Amende** (1/4 bénéfice.)	Usage, par mendiant ou vagabond, de feuille de route fausse, avec perception de 1 à 99 francs.	(156) 281
		Obtention, par les mêmes, de feuille de route sous nom supposé, avec perception de 1 à 99 francs.	(157) 281
Bannissement 5 à 10 ans (*durée normale*).	**Amende** 100 fr. à 1/4 des bénéfices.	Les deux mêmes crimes par autres que mendiants ou vagabonds.	156, 157
		Corruption de fonctionnaire pour commettre un crime entraînant bannissement **.	178
	sans autre peine accessoire.	Crime entraînant dégradation civique, précédé de condamnation à peine criminelle.	56
		Actions hostiles exposant l'État à une guerre qui n'a pas eu lieu.	84
		Actes exposant Français à représailles.	85
		Empêchement aux droits civiques par attroupement ou voies de fait, d'après un plan général ***.	110
		Attentat, par ministre, à la liberté, aux droits civiques, à la Constitution.	115
		Coalition de fonctionnaire contre exécution des lois.	124
		Délivrance, par officier public, de passeport sous nom supposé.	155
		Même crime, pour feuille de route.	158
		Corruption exercée ou consentie pour certificat de fausse maladie dispensant de service.	160
		Provocation pastorale, suivie de désobéissance aux lois.	202
		Critique de l'autor. dans écrit pastoral.	204
		Correspondance de prêtre avec puissance étrangère, suivie de faits contraires aux lois.	208
		Rupture de ban par l'auteur de coups donnés à magistrat à raison de ses fonctions.	229

* Le bannissement devrait être absolument restreint aux crimes politiques; la France n'a pas le droit de rejeter ses malfaiteurs chez les nations voisines. Réciproquement, elle devrait stipuler dans les traités une réforme analogue à son profit. — Une *ordonnance* du 2 *avril* 1817, de légalité fort suspecte, permettait d'*emprisonner* dans une *forteresse* les bannis que les puissances étrangères n'avaient pas voulu recevoir.

** Y a-t-il amende et confiscation dans ce cas? *V.* page 13, note ***.

*** *V.* cependant *décret-loi* du 2 *février* 1852, page 3, note **.

			Code pénal.
Bannissement 5 à 10 ans facultatif.	Dégrad. civique Surveillance (égale durée).	Crime entraînant déportation, avec circonstances atténuantes.	463-4°
		Crime entraînant 10 ans de reclusion, avec circonstances atténuantes.	463-7°
Dégrad. civique durée indéfinie, sauf réhabilitation.	**Emprison.** * 2 à 5 ans. **Éloignement** d'un lieu 5 à 10 ans.	Coups à un magistrat à raison de ses fonctions, à l'audience d'un tribunal.	228
	Emprisonn. 1 à 5 ans.	Suborn. de témoins ** en matière de police.	362
		Faux témoignage en matière de police.	365
	Emprisonn. 0 à 5 ans. **Amende** 200 fr. au double des valeurs données.	Corruption consentie par fonctionnaire pour faire ou ne pas faire son devoir.	177
	Emprisonn. 0 à 5 ans. **Confiscation** (valeurs livrées)	Contrainte ou corruption de fonctionnaire pour obtenir un acte de son ministère.	179
	Emprisonn. 0 à 5 ans sans autre peine accessoire.	Altération de scrutin ou de vote, par citoyen chargé du dépouillement ***.	111
		Attentat par fonctionnaire à la liberté, aux droits civiq., à la Constitution.	114
		Omission par fonctionn. de déférer à réclam. pour la liberté individuelle.	119
		Ordre de poursuivre ou arrêter ministre, législateur, conseiller, sans autorisation.	121
		Détention hors du lieu légal; poursuite crim. sans accusation de la cour.	122
		Coalition de fonctionn. pour suspendre le service public par démission.	126
		Empiètement de magistrat sur pouvoir légal ou exécutif; exécution de jugement nonobstant conflit.	127
		Empiètement d'administration sur pouvoir judiciaire;	
		Ordres des mêmes aux tribunaux.	130
		Décision de juge ou administrateur par faveur ou par inimitié.	183

* Il ne paraît pas que la dégradation civique principale soit jamais accompagnée de la surveillance, puisque tous les crimes qui l'entraînent sont placés en dehors du chapitre consacré aux crimes contre la sûreté de l'État. *V.* art. 49. — Si une loi nouvelle entraînait l'application de la surveillance, ce devrait être pendant la durée de la dégradation même, ce que Boitard (n° 123) semble n'avoir pas compris.

** On peut soutenir que la reclusion seule s'applique à ce cas. Argument de l'art. 364-2°. — V. page 34, note *.

*** *V. décret-loi* du 2 *février* 1852; page 3, note **.

			Code pénal.
Dégrad. civique jusqu'à réhabilitation.	**Emprisonn.** 0 à 5 ans contre citoyen, (1 jour à 5 ans contre non citoyen **.)	Usage de marques officielles ou commerciales indûment possédées, nuisible à l'État ou au propriétaire *.	143
		Coup à prêtre ou à fonctionnaire.	263
		Faux serment en matière civile.	366
Dégradation civ.	accessoire.	Crime entraînant mort, trav. f. perpét. ou à temps, déport., détent., reclus. ou bannissem. (*loi* du 31 *mai* 1854).	28

*Peines susceptibles d'être prononcées pour crime, mais que la loi ne qualifie ni d'afflictives ni d'infamantes***.*

Emprisonnement **** 10 à 20 ans.	**Surveillance** 0 *ou* 5 à 10 ans.	Crime de mineur de 16 ans entraînant mort, trav. f. perpét., déportation.	67
——— 1/3 à 1/2 de la peine crim. encourue *****	———	— entraînant travaux forcés, détention, reclusion.	—
——— 1 à 5 ans.	———	— entraînant bannissement, dégradation civique.	—
		Meurtre, coups ou blessures *excusables*, entraînant peine perpétuelle.	326
	Amende 16 à 500 fr. Surveill. Interd. 0 *ou* 5 à 10 ans.	Crime entraînant détention, reclusion, bannissement ou dégradat. civique, avec circonstances atténuantes.	463-6°
——— 6 mois à 2 ans.	**Surveillance** 0 *ou* 5 à 10 ans.	Les mêmes, entraîn. peine temporaire.	326

* Ce crime et les deux suivants peuvent être commis par un individu non citoyen. — C'est à ces cas que s'applique l'art. 35-2°, sans parler de ceux où le *minimum* de l'emprisonnement est déterminé (art. 228, 362, 365). — Du reste, on conçoit qu'un individu non citoyen puisse devenir fonctionnaire public, par suite d'une erreur ; alors le *minimum* d'*un* jour lui serait applicable.

** L'art. 35 ne fixe pas le *minimum* de l'emprisonnement qui accompagne la dégradation ; il s'ensuit que la durée peut être d'*un* jour. (Art. 465 ; elle serait de *six* jours d'après l'art. 40). Dès lors la différence entre le citoyen et le non citoyen est presque nulle ; ce qui est irrationnel, puisque la dégradation civique est indifférente au second. — De plus, la loi ne s'explique pas pour les *femmes*, d'où il suit que l'emprisonnement peut n'être pas prononcé contre elles, nonobstant M. Rauter : on ne peut dire qu'elles aient *perdu* la qualité de citoyennes.

*** On pourrait soutenir que les infractions dont la peine principale est l'emprisonnement ou la surveillance, cessent d'être des crimes et deviennent de simples délits. *V.* art. 1. L'opinion contraire s'appuie sur les textes spéciaux.

**** Le mode de cette peine est, sans doute, le même qui est indiqué pour l'emprisonnement correctionnel. *V.* art. 40.

***** *V.* page 54, note **.

		Code pénal.
Emprisonnement facultatif 2 ans à 5 ans. — **Amende** 16 à 500 fr. Surveill. Interd. { 0 *ou* 5 à 10 ans.	Crime entraînant trav. forcés à temps, avec circonstances atténuantes.	463-5°
Emprisonnement accessoire 1 jour à 5 ans.	Crimes entraînant dégradation civique, par non citoyen,	35
0 à 5 ans.	— par citoyen.	—
Surveillance * de la police 0 à perpétuité.	Complot contre l'État, dont l'auteur dénonce ou fait arrêter ses complices.	108
	Contrefaçon de monnaies françaises, si l'auteur dénonce ou fait arrêter ses complices.	138
	Contrefaçon du sceau, d'effets du trésor, billets de banque ou usage des mêmes, si l'auteur dénonce ou fait arrêter ses complices.	144
0 ou 5 à 10 ans. (*V.* p. 5, note *).	Participation à bande séditieuse, suivie d'arrestation hors du lieu de réunion.	100
	Participation à rébellion par bande séditieuse, suivie d'arrestation hors du lieu de réunion.	213
Surveillance accessoire à perpétuité	Crime entraînant trav. forcés à temps, détention et reclusion.	47
à temps (égal à durée de la peine).	Crime entraînant bannissement.	48
idem?	Crime contre la sûreté de l'État **.	49
0 *ou* 5 à 10 ans.	Crime entraîn. trav. f. à temps, détent. ou reclusion, (hors les cas de *maximum*), bannissem. ou dégradation civ. avec circonstances atténuantes.	463

* La police est ici qualifiée de *haute*. On lit dans l'art. 50 : la police de l'État; dans l'art. 38 : la surveillance du Gouvernement. Quelques autres (100, 138, 246) ajoutent l'épithète *spéciale*, qui ne paraît pas influer sur les résultats. — Un *décret-loi* du 8 *décembre* 1851 change le mode de surveillance introduit en 1832. *V.* J. B. S., *Cours de droit criminel*, page 261.

La surveillance est-elle *prescriptible?* Oui, car elle n'atteint pas le condamné de plein droit comme une incapacité. *V.* page 89, note *. Il faut que l'État exerce son droit, de même qu'un créancier doit agir pour conserver sa créance. Le condamné qui rompt son ban est dans la même situation que celui qui s'évade. *V.* cependant *Cassation*, 31 *janvier* 1834, MM, Chauv., F.-Hél., Morin et Ch. B. S., *Exécution des jugements*, n° 85.

** Cette disposition paraît sans application, quant à présent. *V.* page 2, note *, et page 85, note *.

*Peines criminelles accessoires**.

1° Peines qui ont besoin d'être prononcées.

Emprisonnement (*V.* page 87).	Crime entraînant dégradation civique, dans le cas de l'art. 35.
Amende **	Crime entraînant *travaux forcés à perpétuité* dans le cas des art. 132, 139, 145, 146; — *trav. forcés à temps*; art. 133, 134, 140, 147, 148, 158, 169, 170, 440, 442, 463-5°; — *détention*; art. 463-6°; — *reclusion*; art. 141, 142, 150, 151, 156 à 158, 174, 181, 281, 418, 430, 431, 437, 463-6°; — *bannissement*; art. 156, 157, 281, 463-6°; — *dégradation civique*; art. 177, 463-6°.
Confiscation (*V.* page 108).	Crime entraînant la mort, les trav. forcés à perpétuité ou à temps, la déportation, la détention, la reclusion ou le bannissement dans le cas des art. 178 (?) 179 (?) 361, 365.
Interdiction des droits de 42 0 ou 5 à 10 ans.	Crime entraîn. trav. f. à temps, détention ou reclusion (hors le cas de *maximum*), bannissem. ou dégrad. civ. avec circonst. attén. 463 5° et 6°.
Éloignement d'un lieu ***.	Coups à magistrat, entraînant dégradation civique. 228
Surveillance (*V.* page 87).	Crime prévu par les art. 49, 463-5° et 6°.

* Le mot *accessoire* varie d'étendue. Il désigne ici les peines qui en accompagnent toujours une autre plus grave. Si l'on voulait uniquement qualifier « d'accessoires » les peines encourues de plein droit, sans être prononcées par le juge, ce terme ne conviendrait plus qu'aux trois incapacités pénales, et parfois à la surveillance de la police.

** L'amende ne concourt jamais avec la mort, la déportation et la détention. *V.* cependant art. 178 et ci-dessus page 13. — *V.* plus loin, page 98, la liste des divers chiffres des amendes, tant criminelles que correctionnelles.

*** Le condamné libéré, par la prescription, d'une peine criminelle, ne peut résider dans le département où demeure la partie lésée ou son héritier direct. Le pouvoir exécutif peut lui assigner le lieu de son domicile. C. instr. crim., 635.

2° Peines encourues de plein droit.

Surveillance (*V.* page 87).	Crime prévu par les art. 47 et 48.
Incapacité de faire et de recevoir des libéralités *.	Crime entraîn. la mort, les trav. f. à perpét. ou la déportation (*loi* du 31 *mai* 1854).
Dégradation civique** (*V.* p. 86).	Crime entraînant toute peine afflictive ou infamante (*loi* du 31 *mai* 1854 ; C. pén. 28).
Interdiction légale *** à perpétuité.	Crime entraîn. la mort, les trav. f. à perpét. ou la déportation (*loi* du 31 *mai* 1854).
Interdiction légale temporaire (durée de la peine).	Crime entraînant trav. f. à temps, détention ou reclusion. (C. pén. 29).

* Cette incapacité, que la loi de 1854 substitue à la mort civile, frappe le condamné de plein droit, sans acte matériel d'exécution; donc elle est imprescriptible, comme l'était la mort civile elle-même (C. civ., 32). Elle peut cesser, selon moi, par la grâce entière (*V. Droit constitutionnel,* n° 1027) ; ou, dans tous les systèmes, après la prescription de la peine et la grâce partielle, par la réhabilitation. (C. instr. crim., 619). — La transportation, autorisée par le *décret-loi* du 8 *décembre* 1851, emporte *privation* des droits *civils* et politiques. Cette expression, qui semble impliquer la mort civile, a besoin d'être expliquée ou restreinte législativement.

** La dégradation civique prive « du droit de porter aucune décoration » (art. 34). C'est donc surabondamment qu'une *ordonnance* du 16 *mars* 1816 prescrit de *dégrader* les membres de la Légion-d'honneur qui sont condamnés à une peine infamante. On serait tenté de conclure de la même ordonnance que la peine ne peut être exécutée sans *dégradation* préalable; à ce point de vue, sa légalité serait douteuse.

*** Elle peut, comme l'incapacité de recevoir, cesser par la grâce entière (selon moi); ou, du moins, par la réhabilitation, s'il y a grâce partielle ou prescription de la peine principale. V. note *.

PEINES CORRECTIONNELLES.

Peines principales.

Emprisonnement *			Code pénal.
6 ans 8 mois *à* 13 ans 4 mois.		Délits contre les propriétés, entraînant 5 ans de prison *au maximum* (art. 388, 400, 405, 407, 414, 433, 436, 439, 442, 450, 461), commis par offic. de police, en récidive **.	57, 58, 462
5 à 10 ans ***.		Délits entraînant au plus 5 ans de prison, en récidive.	57, 58
5 ans 1 mois *à* 6 ans 8 mois.		Délits des art. 388, 400, 405, 407, 414, 433, 436, 439, 443, 450, 461, par officier de police.	462
3 à 6 ans.	Amende, Interdiction.	Offense publique envers le chef du pouvoir exécutif, en récidive.	57, 58, 86
2 ans 8 mois *à* 5 ans 4 mois.		Délits des art. 388, 399, 400, 402, 406, 408, 417, 418, 420, 436, 438, 443, 447, 448, par officier de police, en récidive.	57, 58, 462
5 ans.		Usage de faux passeport par mendiant ou vagabond.	153, 281
		Usage de feuille de route fausse par le même.	156, 281
		Obtention de feuille de route sous nom supposé, par le même.	157, 281
	Amende, Surveillance.	Dévastation de plants, de nuit ou à raison de fonctions publiques.	444, 450

* L'art. 40-2° fixe d'une manière générale la durée de l'emprisonnement de 6 jours à 5 ans. Mais tous les articles qui prononcent cette peine, déterminent une durée spéciale, et *toujours* différente de celle-là. L'art. 40-2° ne deviendra donc applicable que lorsqu'une loi nouvelle prononcera un emprisonnement sans en préciser la durée.

Le maximum de 5 ans n'est pas absolu, d'après le texte lui-même qui, outre le cas de récidive, annonce d'*autres* exceptions; une seule se lit dans l'art. 462. *V.* d'ailleurs p. 86.

Au contraire, nul article ne descend au-dessous du minimum de 6 jours; beaucoup en indiquent un plus élevé. Mais, quand les *circonstances* paraissent atténuantes, le minimum tombe à UN JOUR, *pour tous les cas possibles* (même en récidive), art. 463; donc les chiffres qu'on va lire au minimum, dans la table suivante, n'apportent au pouvoir du juge qu'une limitation purement morale; sauf tout au plus l'obligation d'exprimer, dans le jugement, l'existence de circonstances atténuantes.

Le maximum de l'emprisonnement est réduit de moitié, quand le coupable est mineur de 16 ans (art. 69). Le minimum est égal au maximum, contre les fonctionnaires publics (art. 198).

** On se rappellera une fois pour toutes, que la récidive opère aggravation, quand le prévenu a été condamné avant le délit à une peine criminelle, ou bien à plus d'un an de prison; 57, 58. Le deuxième cas entraîne surveillance pendant 5 à 10 ans.

*** Il y a un cas où le *maximum* est de 9, 8 ou 7 ans. *V.* p. 96, note.

			Code pénal.
Emprisonnement 2 à 5 ans.	Surveillance.	Livraison de plans à neutre ou allié.	82
		Fabrication de certificat de médecin.	159
		Certificat de fausse maladie, par médecin.	160
	Amende, Interdiction.	Soustraction, par dépositaire public, d'objets moindres de 3,000 fr., etc.	171 172
	Amende.	Concussion par préposé de fonctionn.	174
		Célébration religieuse de mariage avant célébration civile, première récidive.	200
		Provocation pastorale inefficace à rébellion.	202
	Répar. d'honn.	Outrage verbal à l'audience.	222
	Éloignement.	Coups à magistrat pour fonctions.	228
	Surveillance.	Aide par instrum. à évasion violente.	241
		Bris de scellés par gardien.	252
		Exercice de fonctions sans titre.	258
	Surveillance.	Mendicité ou vagabondage, avec armes, travestissem., instruments de délit.	277
	Amende, Surveillance.	Menace écrite d'attentat punissable à perpétuité.	306
(convertible en amende?)	Am. facultat. Surveillance.	Coups ou blessures avec préméditation.	311
	Amende, Interdiction, Surv.	Excitation de mineur à la débauche par surveillant.	334
	Surveillance.	Détention illégale suivie d'élargiss.	343
	Amende.	Délaissement d'enfant de moins de 7 ans, en lieu solitaire, par tuteur ou instituteur.	350
		Enlèvement, par mineur, de fille de moins de 16 ans.	356
	Surveillance.	Direction de coalition de maîtres ou ouvriers.	414
	Amende, Surv.	Menace écrite d'incendie.	436
	Amende.	Destruction d'actes non officiels ou commerciaux.	439
		Dégât de marchandises par commis.	443
	Surveillance.	Dévastation de plants.	444
	Amende.	Communic. de contagion d'animaux.	461
1 à 5 ans.	Int. facult. Surv.	Propos. de complot contre gouvern.	89
	————	— — d'excitation à la guerre civile.	91
		Falsification de passeport; usage de passeport faux.	153
	Surveillance.	Mêmes délits pour feuille de route.	156, 157
(crimin.?)	————	Aide à évasion de détenu pour crime perpétuité.	240
		Meurtre et blessures *excusables* entraînant peine perpétuelle.	326
	Amende.	Vol de récoltes, avec voiture ou une des deux premières circonstances.	388
	Am., Int. Surv.	Détournement d'objets saisis confiés à un tiers.	400

			Code pénal.
Emprisonnement 1 à 5 ans.	Am. Int. Surv.	Vol sans circonstances particulières.	401
	Amende, Interd.	Escroquerie.	405
	————	Abus de blanc-seing.	407
	Amende, Surveillance.	Empoisonnement de quadrupèdes ou poissons d'étang.	452
6 mois à 5 ans.	Amende, Interdiction, Surv.	Offense publique envers le chef du pouvoir exécutif.	86
	Amende.	Fraude dans les fournitures militaires; retard dans la livraison.	433
3 mois à 5 ans.	Amende, Interd.	Violat. du secret des lettres par agent.	187
1 mois à 5 ans.	Amende, Surv.	Administration de substances nuisibles.	317
1 jour à 5 ans (*V.* p. 52).		Rupture de ban par condamné en surveillance.	45
2 à 4 ans.		Délits entraînant au plus 2 ans de prison, en récidive.	57, 58
1 mois à 3 ans.	Amende, Interdiction, Surv.	Offense publique à la famille du chef du pouvoir exécutif (*loi de* 1853).	86
2 ans 1 mois *à* 2 ans 8 mois.		Délits des art. 388, 399, 400, 402, 406, 408, 417, 418, 420, 436, 438, 443, 447, 448, par officier de police.	462
1 an 4 mois *à* 2 ans 8 mois.		Délits des art. 387, 419, 421, 423, 451, 456, par officier de police, en récidive.	57, 58, 462
2 ans.		Usage de faux certificat pour obtenir appui, par mendiant ou vagab.	161, 281
	Amende.	Provocation d'empêchement à travaux autorisés.	438
	————	Destruction de greffes, de nuit ou à raison de fonct.	450
1 à 2 ans.	Surveillance.	Négligence de gardien laissant évader détenu punissable à perpétuité.	240
6 mois à 2 ans.	Interd. d'élect.?	Empêchement aux droits civiques.	109
	————?	Falsification de scrutin ou vote.	112
	Amende.	Réception illégale de prisonnier; refus d'exhibition.	120

			Code pénal.
Emprisonnement 6 mois à 2 ans.		Falsification de certificat pour obtenir appui ; usage du même certificat.	161
	Am., Interd.	Acquisition d'intérêt par fonctionnaire surveillant.	175
	———	Continuation illégale de fonctions.	197
	Amende.	Rébellion de 3 à 20 personnes sans armes.	211
	———	Rébellion armée de 1 à 2 personnes.	212
		Connivence du gardien qui laisse évader un prisonnier de guerre, ou pour crime infamant.	238
		Aide par un tiers dans le même cas.	242
		Négligence du gardien qui laisse briser les scellés sur papiers de détenu punissable à perpétuité.	250
		Bris de scellés.	252
		Port public illégal de costume ou décoration.	259
		Mendicité hors du canton.	275
		— avec menaces, simulation d'infirmités ou réunion.	276
	Surveillance.	— ou vagabondage, avec plus de 100 fr.	278
	Am., Surv.	Menace verbale d'attentat sous condition.	307
(crim. ?)	Surveillance.	Meurtre, blessures excusables entraînant peine criminelle temporaire.	326
	Amende, Interdiction, Surv.	Excitation habituelle de mineur à débauche.	334
	Amende.	Délaissement solitaire d'enfant de moins de 7 ans.	349
	———	— non solit. par tut. ou instit.	353
	———	Recèlement de cadavre après mort violente.	359
	———	Embauchage d'ouvriers à l'étranger pour nuire à l'industrie française.	417
	Amende. Surveillance.	Menace verbale d'incendie, sous condition.	436
3 mois à 2 ans.		Critique pastorale publique du gouvernement.	201
		Aide d'évasion de détenu punissable à perpétuité.	239
		Aide, par instruments, d'évasion violente de prisonnier de guerre ou pour crime infamant.	241
		Recèlem. de criminel punissable d'une peine afflictive.	248
	Amende.	Direction d'association non autorisée, avec provocation à délit.	293
		Homicide par imprudence.	319
		Adultère de la femme.	337
	Amende.	— de son complice.	338
	———	Contrefaçon de clés, par non serrurier.	399

Emprisonnement			Code pénal.
3 mois à 2 ans.	Amende.	Révélat. de secrets de fabrique, par employé, à Franç. résid. en France.	418
	—	Empêchement de travaux autorisés.	438
2 mois à 2 ans.	Am. Interdict.	Détournement par saisi-gardien.	400
	—	Abus des faiblesses d'un mineur pour lui faire souscrire un emprunt.	406
	—	Détournem. de valeurs remises à titre de louage, dépôt, mandat.	408
	Amende, Surveillance.	Manœuvres pour faire hausser ou baisser les farines ou boissons.	420
1 mois à 2 ans.	Amende.	Correspond. pastorale non autorisée.	207
	Réparation.	Outrage verbal à magistrat.	222
	—	— par geste, à l'audience.	223
	Amende.	Dégradat. d'objets publics.	257
		Banqueroute simple.	402
		Dégât de marchandises.	443
15 jours à 2 ans.	—	Vol, dans les champs, de récoltes détachées.	388
	—	Maraudage avec moyens de transport.	—
6 jours à 2 ans.	(convertible en Amende, surv.)	Coups ou blessures.	311
	Am., Confiscat.	Débit de boissons falsifiées nuisibles.	318
1 an 1 mois *à* 1 an 4 mois.		Délits des art. 387, 419, 421, 423, 451, 456, par officier de police.	462
8 mois à 1 an 4 mois.		Délits des art. 410, 453, 454, 460, par officier de police, en récidive.	57, 58, 462
1 an.		Suppos. de nom dans passep. ou attest. *ad hoc* par mendiant ou vagab.	154, 281
	Am., Confiscat.	Publication de pamphlets ou dessins immoraux, par l'auteur.	287, 289
6 mois à 1 an.	Amende.	Omission de s'assurer du consentement de la famille en célébrant mariage.	193
		Évasion par bris de prison ou violence.	245
3 mois à 1 an.		Supposition de nom dans passeport; attestation *ad hoc.*	154
	Amende.	Négligence de dépositaire, suivie de soustraction.	254
	—	Outrage public à la pudeur.	330
	—	Délaissem. d'enf. de moins de 7 ans.	352
	—	Violation de sépulture.	360

Emprisonnement			Code pénal.
3 mois à 1 an.	Am., Confiscat.	Tromperie sur choses vendues ou sur leur quantité par fausses mesures.	423
1 mois à 1 an *.	Amende, Confiscation.	Exposition, distribution de pamphlets immoraux.	287
	Amende.	Dénonciation calomnieuse par écrit.	373
	———	Altération de marchand. par voiturier.	387
	Amende, Surveillance.	Manœuvres pour opérer hausse ou baisse.	419
	———	Pari sur hausse ou baisse des effets publics.	421
	Amende.	Rupture d'instruments agricoles, parcs, cabanes.	451
	———	Destruct. de clôtures, fossés, limites.	456
6 jours à 1 an.	———	Violation de domicile par fonctionn.	184
5 mois 10 jours *à* 10 mois 20 jours.	———	Coupe de grains en vert d'autrui, par officier de police, en récidive,	57, 58, 462
7 à 8 mois.		Délits des art. 410, 453, 454, 460, par officier de police.	462
4 à 8 mois.	Amende.	Coupe de grains en vert, en récid.	57, 58, 450
6 mois.	Confiscation.	Publication, par l'auteur, d'imprimés sans nom d'aut. ou imprimeur.	285, 289
	Amende?	Abattage ou mutilation mortelle d'*un* arbre, à raison de fonctions **.	450
	———?	Meurtre de quadrupèdes ou poissons d'étang, avec violat. de clôture.	453, 454
3 à 6 mois.	Am., Confiscat.	Tentative de corrupt. de fonctionn.	179
	Surveillance.	Vagabondage de majeur de 16 ans.	270
	Surv., Expuls.	— d'étranger.	272
		Mendicité.	274
		Délits des art. 449, 450, 459, par offic. de police, en récidive.	57, 58, 462
2 à 6 mois.	Interdiction.	Coalition de fonctionnaires pour mesures illégitimes.	123
		Néglig. de gardien laissant évader un détenu punissable afflictivement.	239
	Amende, Int., Confiscation.	Tenue de maisons de jeu et loteries.	410

* On trouve un emprisonnement de 2 mois à 1 an dans la *loi* du 10 *avril* 1834 qui modifie l'art. 292; mais elle n'a pas été insérée dans le texte, par inadvertance.

** *V.* page 96, note *.

Emprisonnement			Code pénal.
2 à 6 mois.	Amende.	Meurtre de quadrupède ou poisson.	453
	———	Mise en communication d'animaux suspects de contag. malgré défense.	460
6 semaines à 6 mois.	———	Mise à l'hospice, d'enfant de moins de 7 ans, par celui à qui on l'a confié.	348
1 à 6 mois.		Délivrance de passeport à inconnu.	155
	Réparation.	Outrage par gestes ou menaces à magistrat.	223
		Coups à personne chargée de service public.	230
	Amende.	Révélation de secrets par personne obligée de les garder.	378
15 jours à 6 mois.	———	Outrages envers prêtres ou objets de culte.	262
20 jours à 6 mois.	———	Abattage ou mutilation mortelle d'*un* arbre * sur la voie publique.	448
6 jours à 6 mois.	———	Rébellion d'une ou deux personnes sans armes.	212
		Négligence de gardien de scellés par ordre, suivie de bris de scellés.	249
	Confiscation.	Publication sans indiquer l'auteur ou l'imprimeur.	283
	Confisc., Surv.	Fabrication, débit d'armes prohibées.	314
		Meurtre, blessures excusables, entraînant peine correctionnelle.	326
	Amende.	Omission de déclarer une naissance.	346
	———	— de remettre au maire un enfant nouveau-né qu'on a trouvé.	347
	———	Mutilation mortelle d'*un* arbre *.	445
	———	Meurtre d'animal domestique.	454
5 mois à 5 mois 10 jours	———	Coupe de grains en vert, par garde champêtre ou officier de police.	450, 462
2 mois 12 jours à 4 mois 24 jours.		Délits des art. 449, 450, 459, par officier de police, en récidive.	57, 58, 462
4 mois.	Amende.	Coupe de grains en vert [d'autrui ?], de nuit ou à raison de fonctions.	450

* Si plusieurs arbres sont mutilés ou abattus, la durée de l'emprisonnement se multiplie par le nombre des arbres, jusqu'au maximum de 5 ans (10 arbres). On trouve ainsi les *maximum* suivants : pour 3 arbres, 1 an et demi ; pour 5, 2 ans et demi ; pour 7, 3 ans et demi ; pour 9, 4 ans et demi. En récidive, le maximum contient autant d'années que d'arbres ; on obtient ainsi les *maximum* de 7, 8 et 9 ans.

Emprisonnement			Code pénal
2 à 4 mois.		Délits des art. 449, 450, 459, par officier de police.	462
20 jours à 4 mois.		Coupe de grains en vert d'autrui.	450
3 mois.		Délits des art. 449, 450, 459, par officier de police.	462
1 à 3 mois.	Amende.	Inscript. sur feuille volante, d'acte civil.	192
		Refus de faire agir la force publique sur réquisition de l'autorité civile.	234
		Mendicité d'homme valide, là où ne se trouve pas de dépôt.	275
15 jours à 3 mois.	———	Tenue de maison de prêt sur gage, sans autorisat. ou sans registres.	411
	———	Entraves à la liberté des enchères; éloignem. des enchériss. par réc.	412
6 jours à 3 mois.	———	Violation de domicile avec menaces ou contrainte.	184
	———	Aide à évasion de prisonnier de guerre, ou pour délit.	238
	———	Trouble à exercice du culte.	261
	Confiscation.	Publicat. d'imprimé provocant à délit, suivie de révélat. de la personne qui a remis l'écrit.	285
	Amende.	Coalition pour hausse ou baisse des salaires.	414
	———	Prononciation d'amendes non disciplinaires par directeur d'atelier contre ouvrier ou réciproquement.	415
6 à 12 semaines. (1 mois 12 jours à 2 mois 24 jours).	———	Meurtre de quadrupède ou poissons d'étang ailleurs que chez le propr. ou le délinquant, en récidive.	57, 58, 453
2 mois 12 jours.	———	Même délit, par officier de police.	453, 462
2 mois.	———	Destruction d'*une* greffe, de nuit ou à raison de fonctions.	450
	———	Coupe de fourrage ou grains d'autrui, de nuit ou à raison de fonct.	449, 450
10 jours à 2 mois.	———	Destruction d'*une* greffe* sur voie publ.	448

* Si plusieurs greffes sont détruites, la durée de l'emprisonnement se multiplie par le nombre des greffes, jusqu'au maximum de 2 ans (12 greffes). On trouve ainsi les *maximum* suivants : pour 5 greffes, 10 mois; pour 7 greffes, 1 an 2 mois; pour 9, 1 an et demi; pour 10,

			Code pénal.
Emprisonnement 6 jours à 2 mois.	———	Même délit, ailleurs *.	447
		Excuse fausse de juré ou témoin.	236
		Négligence de gardien laissant évader prisonnier de guerre ou pour délit.	238
	Amende.	Empêchement ou contrainte à pratique religieuse.	260
	———	Coups ou blessures par imprudence.	320
	———	Inhumation non autorisée.	358
	———	Coupe de fourrages ou grains d'autrui.	449
	———	Omission de renfermer des animaux suspects de contagion et d'avertir le maire.	459
6 semaines.	———	Meurtre de quadrupède ou poissons d'étang, avec violation de clôture.	453
15 jours à 6 semaines.	———	Même délit, sans violation de clôture.	—
6 jours à 1 mois.		Inscription, par logeur, de nom supposé sur son registre.	154
	———	Outrage, par gestes ou menaces, à commandant de la force publique.	225
	———	Meurtre de quadrup., poissons d'étang d'autrui, chez le délinquant.	453
	———	Inondation avec dégrad. de chemin ou fonds d'autr. par élév. de déversoir.	457
	Amende, Confiscation (?)	Tenue de jeux de hasard, sur la voie publique, en récidive.	478
Amende** 20,000 à 40,000 fr.		Manœuvres pour hausser ou baisser les farines ou boissons, en récid.	57, 58, 420
10,000 à 20,000 fr.	(principale dans l'art. 176).	Délits des art. 86, 176, 419 et 421, en récidive.	57, 58
1,000 à 20,000 fr.		Manœuvres pour faire hausser ou baisser les farines ou boissons.	420

1 an 8 mois; pour 11, 1 an 10 mois. — En récidive, on trouve, pour 7 greffes, 2 ans 4 mois; pour 10, 3 ans 4 mois; pour 11, 3 ans 8 mois. — Les combinaisons qu'on tire des art. 445 et 447, sont au nombre de 59. J'ai jugé inutile de les formuler toutes, les *minimum* étant presque indifférents depuis l'art. 463-8°.

* *V.* La note précédente.

** Je réunis ici, pour ne pas interrompre la série des chiffres, les amendes criminelles et les amendes correctionnelles, tant principales qu'accessoires; j'indique les criminelles et les principales entre parenthèses. — Les chiffres qu'on va lire au *minimum* n'ont pas plus de portée que pour l'emprisonnement. Le tribunal, si les circonstances paraissent atténuantes, peut réduire l'amende à 1 fr., art. 463-8°. — Le maximum de l'amende est réduit de moitié, quand le coupable est mineur de 16 ans (art. 69); le minimum est égal au maximum quand le coupable est fonctionnaire public (art. 198).

Comment devrait-on calculer les amendes pour empêcher qu'elles ne dégénèrent en une confiscation déguisée? *V.* mon *dr. constit.* n° 626. On devrait donner au juge le pouvoir de convertir l'amende en emprisonnement à l'égard des délinquants insolvables. *V.* cepend. art. 53.

Amende			Code pénal.
500 à 20,000 fr.	(crimin.).	Révélation de secrets de fabrique par employé à étranger ou Français hors de France.	418
6,000 à 12,000 fr.		Tenue de maison de jeu ou de loterie, ou emploi *ibid.*, en récidive.	57, 58, 410
5,000 à 10,000 fr.		Délits des art. 86, 412, en récidive.	57, 58
500 à 10,000 fr.		Offense publique envers chef du pouvoir exécutif.	86
———	(principale). Confiscation.	Commerce de denrées par command. militaire ou préfet ou sous-préfet	176
		Manœuvres pour faire hausser ou baisser les marchandises ou effets publ.	419
		Pari sur effets publics.	421
3,000 à 6,000 fr.		Délits des articles 373, 405, 407, 413 à 415, en récidive.	57, 58
100 à 6,000 fr.		Tenue de maison de jeu ou loterie.	410
5,000 fr.	(crimin.).	Direct. de dégât de farines ou boissons.	442
200 à 5,000 fr.	———	Même délit, par inférieur.	440
100 à 5,000 fr.		Offense publique envers la famille du chef du pouvoir exécutif.	86
		Entrave à la liberté des enchères.	412
2,000 à 4,000 fr.	(principale dans les art. 339, 426)	Délits des art. 338, 339, 411 et 426, en récidive.	57, 58
200 à 3,000 fr.	(principale, convertible en confiscation).	Violation des règlements sur les produits qui s'exportent à l'étranger.	413
100 à 3,000 fr.		Dénonciation calomnieuse écrite.	373
50 à 3,000 fr.		Escroquerie.	405
		Abus de blanc-seing.	407
16 à 3,000 fr.		Coalition pour hausser ou baisser les salaires.	414
		Prononciation d'amendes non disciplinaires dans des ateliers.	415
1,000 à 2,000 fr.		Délits des art. 334, 461, en récidive.	57, 58
100 à 2,000 fr. *		Adultère avec la femme d'autrui.	338
	(principale).	Adultère du mari.	339
		Tenue de maison de prêt sur gage, sans autorisation ou sans registres.	411
	(principale). Confiscation.	Contrefaçon, introduction en France de livres contrefaits à l'étranger.	426

* La *loi* du 10 *avril* 1834 prononce une amende de 50 à 2,000 fr.; on ne l'a pas insérée dans l'art. 292.

Amende			Code pénal
600 à 1,200 fr.		Délits des art. 306, 319, 436, en récidive.	57, 58
500 à 1,000 fr.	(principale dans les art. 129, 185, 428, 458).	Délits des art. 129, 184, 185, 187, 197, 207, 257, 262, 287, 311, 317, 318, 334, 378, 388, 400, 401, 426, 458 et 460, en récidive.	57, 58
300 à 1,000 fr.		Excitation habituelle de mineur à débauche, par surveillant.	334
100 à 1,000 fr. *		Communicat. de contagion d'animaux.	461
400 à 800 fr.		Délits des art. 350 et 359, en récid.	57, 58
300 à 600 fr.	(principale dans les art. 194, 409.)	Délits des art. 179, 193, 194, 254, 261, 293, 307, 346, 347, 409, 417, 436, 439, 452, en récidive.	57, 58
100 à 600 fr.		Menace écrite d'attentat, sous condit.	306
		— d'incendie, sous cond.	436
50 à 600 fr.		Homicide par imprudence.	319
500 fr.		Publication immorale, par l'auteur.	287, 289
200 à 500 fr.	(principale). Interd. de fonct.	Déni de justice, après réquisition et avis de supérieurs.	185
100 à 500 fr.	(principale).	Poursuite de fonctionn. sans autoris.	129
		Continuation illégale de fonctions.	197
		Correspond. de prêtre avec puissance.	207
		Dégradation d'objets d'utilité publ.	257
		Révélation de secrets par personne tenue de les garder.	378
		Mise en communic. d'animaux suspects de contagion, malgré défense.	460
50 à 500 fr.	(facultative ?).	Coups et blessures, avec préméditat.	311
	(principale).	Excitation habituelle de mineur à débauche.	334
		Représentation théâtrale, contraire aux droits d'auteur.	428
	(principale).	Omission de réparer les cheminées ; action d'allumer des feux, suivie d'incendie.	458
25 à 500 fr.		Débit d'ouvrages contrefaits.	426
16 à 500 fr.		Violation de domicile, par fonctionn.	184
		Violation du secret des lettres, par agent.	187
		Outrage envers prêtre ou objet de culte.	262

* La *loi* du 10 *avril* 1834 prononce une amende de 50 à 1,000 fr. qui ne figure pas dans l'art. 292.

Amende			Code pénal.
16 à 500 fr.		Exposition ou distribution de pamphlets immoraux.	287
		Administrat. de substances nuisibles.	317
		Débit de boissons falsifiées nuisibles.	318
		Vol, dans les champs, de bêtes ou instruments ; — ou de récoltes non détachées, avec moyens de transp. ou 1 des 2 premières circonst.	388
		Détournement, par saisi, d'objets confiés à un tiers.	400
		Vol sans circonst. particulières.	401
		Crime entraîn. travaux forcés à temps détent. ou reclusion (hors les cas de *maximum*), bannissem. ou dégrad. civiq. avec circonst. atténuantes.	463
200 à 400 fr.	(principale dans les art. 224, 294, 314).	Délits des art. 120, 184, 192, 211, 212, 224, 260, 294, 311, 314, 330, 349, 353, 360, 388, 418, 459, en récidive.	57, 58
50 à 400 fr.		Délaissement solitaire d'enfant de moins de 7 ans, par tuteur ou instit.	350
		Recèlem. de cadavre après mort viol.	359
150 à 300 fr.	(principale dans les art. 128, 131, 196).	Délits des art. 128, 131, 196 et 399, en récidive.	57, 58
100 à 300 fr.		Tentative de corruption de fonction.	179
		Négligence de dépositaire public entraînant soustraction.	254
		Direction d'association non autorisée, avec provocation à délit.	293
		Destruction d'actes non officiels ni commerciaux.	439
50 à 300 fr.		Envoi d'ouvriers à l'étranger pour nuire à l'industrie française.	417
25 à 300 fr.		Menace verbale d'attentat sous condit.	307
	(principale).	Détournement de pièce d'un procès.	409
		Menace verbale d'incendie, sous condition.	436
16 à 300 fr.		Omission de vérifier le consent. de la famille en célébrant le mariage.	193
	(principale).	Célébration du mariage d'une veuve dans les 10 mois.	194
		Trouble à l'exercice d'un culte.	261
		Omission de déclarer une naissance.	346
		— de remettre au maire un enfant nouveau-né qu'on vient de trouver.	347
		Empoisonnement de quadrupède ou poissons d'étang.	452
100 à 200 fr.	(principale dans l'art. 199).	Délits des art. 199, 320, 352, 387, en récidive.	57, 58

Amende			Code pénal.
25 à 200 fr.		Délaissement non solitaire d'enfant de moins de 7 ans, par tuteur ou instit.	353
16 à 200 fr.		Réception illégale de prisonnier, refus d'exhibition.	120
		Violation de domicile par force ou avec menace.	184
		Inscription d'actes sur feuille volante.	192
	(facultative *).	Rébellion de 3 à 20 pers., sans armes.	211
		Rébellion de 1 à 2 personnes.	212
	(principale). répar. d'honn.	Outrage par gestes ou menaces à offic. ministériel ou agent de la force publ.	224
		Empêchement ou contrainte à pratique religieuse.	260
	(principale)	Prestation d'appartement à association non autorisée.	294
	(facultative ; sub. à empris.).	Coups ou blessures.	311
	(principale) confisc., surv.	Port d'armes prohibées.	314
		Outrage public à la pudeur.	330
		Délaissement solitaire d'enfant de moins de 7 ans.	349
		Violation de sépulture.	360
		Vol, dans les champs, de récoltes détachées ; — ou non détachées, avec moyens de transport, ou une des deux premières circonstances.	388
		Révélation de secret de fabrique à Français, en France.	418
		Omiss. de renfermer des anim. suspects de contag. et d'avertir le maire.	459
		Tenue de jeux de hasard sur voie publique, en récidive.	478
25 à 150 fr.		Contrefaçon de clefs par non serrurier.	399
16 à 150 fr.	(principale).	Jugement, nonobstant conflit.	128
	———	Empiét. administr. sur pouv. judic.	131
	———	Entrée en fonctions sans serment.	196
50 à 100 fr.		Délits des art. 348, 358, en récid.	57, 58
16 à 100 fr.		Célébration religieuse de mariage, sans célébration civile préalable.	199
		Coups ou blessures par imprudence.	320
		Délaissem. d'enfant de moins de 7 ans.	352
		Altération de marchand. par voiturier.	387
16 à 50 fr.		Mise à l'hospice d'enfant de moins de 7 ans par celui à qui on l'a confié.	348
		Contrav. aux règlements d'inhumat.	358

* *V.* p. 18, note **.

		Code pénal.
Amende 1/4 à 1/2 des indemnités.		Délits des art. 172, 175, 400, 406, 408, 423, 433, 438, 443, 445, 446, 447, 449, 450, 451, 453, 454, 456, 457, en récidive. 57, 58
Amende 1/4 des indemnités.*		Provocation à empêchement de travaux autorisés. 438
		Dévastation de plants (de nuit ou à raison de fonctions publiques). 455
		Abatt. ou mutilat. d'arbres (de nuit ou à raison de fonctions publiques). —
		— de greffes (de nuit ou à raison de fonctions publiques). —
		— de fourrages ou grains, (de nuit ou à raison de fonctions publiques). —
500 fr. à 1/4 des indemnités.	(criminelle.)	Cessation de fournitures militaires, par fournisseur, 430
	———	— — par préposé. 431
100 fr. à 1/4 indemnités.		Retard dans ces fournit. par néglig. ; fraude sur la quantité ou qualité. 433
	(crimin.).	Renversem. de constructions d'autrui. 437
50 fr. à 1/4 indemnités.		Tromperie sur choses vendues. 423
		Destruction de clôtures. 445
	(principale).	Inondation par élévation de déversoir. 457
25 fr. à 1/4 indemn.		Détournement, par saisi, d'objets saisis confiés à un tiers. 400
		Abus de la faiblesse d'un mineur pour lui faire souscrire un emprunt préjudiciable. 406
		Détournement de valeurs confiées à titre de louage, dépôt, mandat. 408
16 fr. à 1/4 indemn.		Empêchement de travaux autorisés. 438
		Dégâts de produits ou matières prem. 443
		Dévastation de plants ou récoltes sur pied. 444, 455
		Abattage d'arbres d'autrui. 445, 455
		Mutilat. mortelle d'arbres d'autrui. 446, 455
		Destruction de greffes. 447, 455
		Coupe de fourrages ou grains d'autrui. 449, 455
		Coupe de grains en vert. 450, 455
		Rupt. d'instrum., parcs, cabanes. 451, 455
		Meurtre de quadrupède ou poissons d'étang. 453, 455
		— d'animal domestique. 454, 455
1/12 à 1/4 indemn.	(crimin.). correct.	Soustraction, par dépositaire public, de meubles à lui confiés. 172
	(crimin.).	Concussion de fonctionnaire. 173
		— de préposé. —

* La *loi* du 27 *mars* 1851 prononce une amende de 50 à 1,000 fr. ou 1/2 des indemnités. — Ici commence la série des amendes proportionnelles au dommage causé.

Amende			Code pénal.
1/12 à 1/4 indemn.	(crimin.).	Acquisition d'intérêt par fonctionnaire surveillant.	175
1/4 des bénéfices illicites.	———	Usage de feuille de route fausse, par mendiant ou vagabond.	156, 157, 281
100 à 1/4 bénéfices.	———	Contrefaçon de monn. d'or et d'argent.	132
*	———	— — de cuivre.	133
	———	— — étrangères.	134
	———	— du sceau, d'effets du trésor, billets de banque.	139
	———	— de timbres, marteaux, poinçons de l'État.	140
	———	Usage des timbres, etc. indûment possédés.	141
	———	Contrefaçon de marques officielles ou commerciales.	142
	———	Faux par fonctionnaires.	145
	———	Altération de subst. d'acte par officier.	
	———	Faux en écriture publique ou comm.	147
	———	Usage des mêmes écritures fausses.	148
	———	Faux en écritures privées.	150
	———	Usage des écritures fausses.	151
	———	Fabrication de passeport ou feuille de route.	156
	———	Obtention des mêmes sous nom supp.	157
	———	Délivr. des mêmes sous nom supposé.	158
6 à 12 fois valeur reçue.	(principale).	Usage de monnaies vérifiées fausses, en récidive.	57, 58, 135
15 fr. ou 3 à 6 fois valeur reçue.	———	Même délit, sans récidive.	135
2 à 4 fois valeur reçue.	———	Achat ou vente de suffrages, en récidive.	57, 58, 113
2 fois valeur reçue.	——— Interd.	Même délit, sans récidive.	113
300 fr. à 2 fois valeur reçue.	(crimin.).	Corruption exercée ou consentie par fonctionnaire pour faire ou ne pas faire son devoir.	177 179
	———	Corruption de juge criminel ou juré.	181

* On voit que toutes les amendes édictées par le Code pénal ont une valeur déterminée, soit par un chiffre, soit par une base précise de calcul. C'est dans d'autres lois qu'il faut chercher des exemples d'amendes indéterminées. *V. loi* du 29 *vent.* an XI, 35. Comme les peines doivent se restreindre, dans le doute, on peut soutenir qu'en pareil cas, le juge doit appliquer une amende de simple police (*cass.* 18 *mars* 1825); et peut-être même le minimum de 1 fr. On peut également soutenir qu'au défaut de maximum, le juge ne doit pas dépasser le minimum déterminé par le texte incomplet. *V.* C. pr. 479. Mais il paraît difficile de ne pas laisser pleine latitude aux tribunaux, quand la loi prononce une amende *proportionnée à la fortune* du contrevenant. *V.* C. civ., 192.

Peines correctionnelles accessoires.

			Code pénal.
Interdiction de tout ou partie des droits énoncés dans l'art. 42 *. jusqu'à réhabilitation.	facultative.	Propos. de complot contre gouvern.	89
	———	— — d'excit. à guerre civ.	91
0 *ou* 5 à 10 ans **.	———	Vol, dans les champs, de bêtes, instruments, bois, pierres, poissons, récoltes.	388
	———	Détournement, par saisi, d'objets confiés à un tiers.	400
	———	Vol, sans circonstances particulières.	401
	———	Escroquerie.	405
	———	Abus de la faiblesse d'un mineur pour lui faire souscrire un emprunt préjudiciable.	406
	———	Abus de blanc seing.	407
	———	Détournement de valeurs louées, déposées, confiées.	408
	———	Tenue de maison de jeu ou loterie.	410
	———	Crime entraînant trav. forcés à temps, détention ou reclusion (hors le cas de *maximum*), bannissement ou dégradation civique, avec circonstances atténuantes.	463-5° et 6°
0 *ou* temps égal à celui de l'emprisonn. ? (6 mois à 5 ans).	———	Offense publique envers le chef du pouvoir exécutif.	86
Interdiction des droits civiques. 5 à 10 ans.	obligatoire ***.	Achat ou vente de suffrage.	113
0 à 10 ans.	facultative.	Coalition de fonctionn. pour mesures illégales.	123
Interdiction de l'électorat et de l'éligibilité ***. 5 à 10 ans.	obligatoire.	Empêchement aux droits civiques.	109
	———	Falsification de scrutin ou vote.	112

* *V.* p. 2, note ***, p. 88, p. 89, note *. — Indépendamment des incapacités qui supposent une décision du juge, il en est qui sont attachées de plein droit à certaines condamnations correctionnelles. Ainsi, le condamné à 3 mois de prison est incapable, toujours d'être juré, et parfois d'être électeur. *V.* la *loi* du *4 juin* 1853 et le *décret-loi* du 2 février, qui sont loin d'être en harmonie.

** J'ai déjà dit combien il est contradictoire de permettre au juge d'anéantir la peine, et de lui imposer un minimum pour le cas où il voudra la prononcer. — En cas de récidive, la durée de l'interdiction est-elle de 10 à 20 ans (*sic*, Paris, 25 sept. 1830), ou de 0 à 20 ans, ou de 5 à 10 ans, avec faculté de la supprimer? J'incline vers le deuxième système. Mais quel que soit celui qu'on adopte, les art. 57 et 58 ont besoin d'être éclaircis sous ce rapport.

*** Le *décret-loi* du 2 *fév.* 1852 ne reproduit pas cette peine. *V.* p. 5, note *.

Peine		Délit	Code pénal.
Interdiction des fonct. publiques. jusqu'à réhabilitation.	obligatoire.	Soustraction, par dépositaire public, de valeurs moindres de 3,000 fr., etc.	171
	——	Acquisit. d'int. par fonctionn. surveill.	175
20 à 40 ans. *	——	Déni de justice, en récidive.	57, 58
10 à 20 ans. *	——	Délits des art. 187 et 197, en récid.	—
5 à 20 ans.	——	Déni de justice.	185
5 à 10 ans.	——	Viol. du secret des lettres, par agent.	187
(après l'empris.)	——	Continuation illégale de fonctions.	197
Interdiction de tutelle, curatelle et participation à conseil de famille. 20 à 40 ans *.	——	Excitation de mineur à débauche, par tuteurs et autres surveillants, en récidive.	57, 58
10 à 20 ans.	——	Même délit, sans récidive.	334, 335
5 à 10 ans *.	——	Même délit, par d'autres, en récid.	57, 58
2 à 5 ans.	——	Même délit, sans récidive.	334, 335
Interdiction des mêmes droits et de la puissance patern. 20 à 40 ans *.	——	Même délit, par père ou mère, en récidive.	57, 58
10 à 20 ans.	——	Même délit, sans récidive.	334, 335
Surveillance ** de la police 0 à perpétuité.	(principale).	Complot contre l'État } si l'auteur dén.	108
		Contrefaç. de monn. } ou fait arrêter	138
		du sceau, d'eff. publ. } ses complices.	144
10 à 20 ans ***.		Délits des art. 270, 277, 278 et 444, en récidive.	57, 58
0 *ou* 10 à 20 ans ****.		Excitation de mineur à la débauche par surveillant.	334, 335

* L'application des art. 57 et 58 ne présente pas, à l'égard de l'interdiction obligatoire, la même difficulté qu'à l'égard de l'interdiction facultative.

** *V.* p. 87, les diverses qualifications de cette peine, et la question de savoir si elle est prescriptible. — Je réunis ici, pour ne pas interrompre la série des chiffres, les cas de surveillance principale et accessoire ; j'indique entre parenthèses ceux où elle est principale. Le chiffre 0 montre que la surveillance est facultative.

*** L'application des art. 57 et 58 ne présente pas, à l'égard de la surveillance obligatoire, la même difficulté qu'à l'égard de la surveillance facultative. Dans le cas des art. 82, 86, 89, 91 (*V.* p. 108), la question dépend de l'interprétation de l'art. 49.

**** J'ai déjà dit combien il est contradictoire de permettre au juge d'anéantir la peine, et de lui imposer cependant un minimum pour le cas où il veut la prononcer. — En cas de récidive, la durée de la surveillance facultative est-elle doublée nécessairement, ou à l'arbitrage du juge, ou demeure-t-elle ce qu'elle est? J'incline vers le deuxième système, tout en réclamant une rédaction nouvelle des art. 57 et 58. *V.* p. 105, note **.

Surveillance		Code pénal.
10 ans.	Dévastation de plants, de nuit ou à raison de fonctions.	444, 450
5 à 10 ans.	Délit après condamnation à 1 an de prison.	58
	Vagabondage.	270
	Mendicité avec travestissement ou instruments de délit.	277
	— ou vagabondage avec 100 fr.	278
0 *ou* 5 à 10 ans.	Crime entraînant peine afflictive, par mineur de 16 ans.	67
	Partic. à bande sédit. suivie d'arrestat.	100
	— à rébellion hors du lieu de réunion.	213
	Direction de rébellion sans armes.	211, 221
	— — par moins de 3 personnes armées.	212, 221
	Délit relatif à l'évasion d'un détenu, ayant entraîné condamnat. à plus de 6 mois de prison.	246
	Menace écrite d'attentat, sans condition.	306, 308
	Menace verbale d'att., avec condit.	307, 308
	Meurtre, coups ou blessures excusables, entraînant peine criminelle.	326
	Arrestation illégale, suivie d'élargissement dans 10 jours.	343
	Vol, dans les champs, de bêtes, instrum., bois, pierres, poissons, récoltes.	388
	Détourn., par saisi, d'effets confiés à un tiers.	400
	Vol sans circonstances particulières.	401
	Manœuvres pour faire hausser ou baisser les farines ou les boissons.	420
	Menace d'incendie.	436
	Dévastation de plants ou récoltes sur pied.	444
	Crime entraînant trav. forcés à temps, détention ou reclusion (hors les cas de *maximum*), banniss. ou dégrad. civ. avec circonst. attén.	463-5° et 6°
0 *ou* 2 à 10 ans.	Coups ou blessures.	311, 315
	Administrat. de substances nuisibles.	317
0 *ou* 2 à 5 ans. *	Excitation de mineur à débauche.	334, 335
	Direction de coalition pour hausser ou baisser les salaires ou infliger des amendes dans ateliers.	416
	Manœuvre pour hausser ou baisser les marchandises.	419

* La *loi* du 10 *avril* 1834 prononce une surveillance de 0 à 4 ans. *V.* p. 25.—La *loi* du 24 *mai* en prononce une de 0 à 2 ans qui remplace celle de 0 *ou* 2 à 10 ans dans l'art. 314.

			Code pénal.
Surveillance 0 *ou* 2 à 5 ans.		Pari sur les effets publics.	421
		Empoisonnem. de quadrup. et poiss.	452
durée de l'emprisonn. principal ? *.		Livraison de plans à neutre ou allié.	82
		Offense publ. au chef du pouv. ex.	86
		Propos. de complot contre gouv.	89
		— — pour la guerre civile.	91
depuis le délit jusqu'à l'âge de 20 ans.		Vagabondage avant 16 ans.	271
Éloignement d'un lieu déterminé.	(2 myr. du siége)	Coups à magistr. à l'occas. de ses fonct.	223
Expulsion de France.	(facult. pour le pouv. exécut.).	Vagabondage d'étranger.	272
Réparation **		Outrage verbal ou par gestes, inculpant l'honneur d'un magistrat administr., ou judic., officier minist. ou agent de la force publique.	226
Confiscation du corps du délit ***.	(obj. du comm.).	Commerce de denrées par command. milit., préfet ou sous-préfet.	176
	(exempl. saisis).	Publicat. sans nom d'aut. ou imprim.	286
	———	— de pamphlets ou dess. immor.	287
	(armes prohib.).	Fabrication, débit, port d'armes prohibées.	314
	(boiss. du débit.)	Débit de boissons falsifiées nuisibles.	318
	(val. mises au jeu.)	Tenue de maisons de jeu ou loterie.	410
	(marchandises).	Viol. des règlements sur l'exportation.	413
	(*objet* du délit).	Tromperie sur chose vendue.	423
	(édit. contref.).	Contrefaçon et débit de livres contr.	427
Confiscation des instruments du délits.	(valeurs livrées)	Tentative inefficace de corruption.	179, 180
	(planches).	Publication de gravures immorales.	287
	(meubles garniss. les lieux).	Tenue de maison de jeu.	410
	(mesures fausses ou illégales.)	Tromperie sur chose vendue.	423
	(planch. et moul.).	Contrefaçon.	427
Confiscation des produits du délit.	(valeurs reçues)	Faux témoignage avec récompense.	364
	(recettes de la représentat).	Représent. d'ouvrage dramat., sans permiss. de l'auteur ou de ses ayant droit.	428

* *V.* p. 2, note *. —Si l'on admet la base ici indiquée, la récidive amènera une surveillance de durée double.

** Cette peine, nommée réparation d'honneur ou réparation honorable (*V.* Jousse) par les auteurs, est tombée en désuétude dans la pratique, selon Ch. B. S. P. *exécut. des jug.* nº 151.

*** La définition du corps du délit est assez difficile; aussi peut-il y avoir quelque doute, dans plusieurs des cas suivants, s'il s'agit du corps, du produit, ou de l'instrument du délit. *V.* Jacq. B. S. P. *Cours de Dr. crim.* p. 261 et suiv.—La confiscation, malgré l'étymologie *(fiscus)* ne profite pas toujours à l'État; dans le cas de l'art. 180, elle profite aux hospices; dans le cas des art. 426 à 428, à la partie lésée; elle dégénère alors en indemnité. La *loi* du 27 *mars* 1851 attribue aux bureaux de bienfaisance les objets vendus ou achetés par suite d'une tromperie; s'ils sont nuisibles, ils sont détruits ou répandus. *V.* p. 48, note ** et art. 477-2° à 4°.—La confiscation spéciale a-t-elle survécu aux constitutions de 1814, 1830 et 1848? *V.* mon *Dr. const.* nº 625.

PEINES DE SIMPLE POLICE.

Emprisonnement *			Code pénal.
5 jours.	Amende.	Contraventions de 3e classe, en récid.	482
1 à 5 jours.	——	Contraventions de 2e classe, en récid.	478
	——	Contraventions de 2e et 3e classe, avec circonstances attén. (sans amende).	463
0 à 5 jours.	——	Les mêmes (avec amende).	—
	——	Meurtre ou blessures d'animaux d'autrui, par armes ou jet de corps durs.	480
	—— Confisc.	Emploi de mesures illégales, vente par boulanger ou boucher au-dessus de la taxe.	—
		Métier d'interprète de songes.	—
		Bruit injurieux ou nocturne.	—
1 à 3 jours.	Amende.	Contravent. de 1re classe, en récidive.	474
	——	Les mêmes, avec circonstances atténuantes (sans amende).	483
0 à 3 jours.	——	Les mêmes, avec amende.	—
	—— Confisc.	Tir d'artifice, en lieu prohibé.	473
	Amende.	Grappillage avant récolte, etc.	—
	——	Négligence de conducteur de voitures ou bêtes.	476
	——	Violation des règlements sur voitures	—
	—— Confisc.	Débit de boissons falsifiées.	—
	Amende.	Jet de corps durs.	—

Amende ** (au profit de la commune).

11 à 15 fr.	Contraventions de 3e classe.	479
1 à 15 fr.	Les mêmes, avec circonstances atténuantes (sans emprisonnement).	483
0 à 15 fr.	— — (avec emprisonn.)	—
6 à 10 fr.	Contraventions de 2e classe.	475
1 à 10 fr.	Les mêmes, avec circonstances atténuantes (sans emprisonnement).	483

* On peut conclure du silence de l'art. 465, comparé avec les art. 40 et 41, que l'emprisonnement de simple police n'astreint pas au travail.—Si les circonstances paraissent atténuantes, le juge de police peut substituer l'amende à l'emprisonnement (art. 483-2°, 463-8°), il peut, en outre, abaisser le chiffre dans le cas de l'art. 482.—Dans le cas de la cinquième contravention de 2e classe, en récidive, la contravention se transforme en délit, et l'emprisonnement est fixé de 6 jours à 1 mois.

** La récidive n'aggrave jamais l'amende de simple police en elle-même (sauf 478-2°); mais elle y ajoute toujours l'emprisonnement.—Si les circonstances paraissent atténuantes, le juge peut réduire l'amende à 1 fr. ou même la supprimer, s'il prononce un emprisonnement. *V.* art. 483-2°, 463-8°.—L'amende en simple police est presque toujours la peine principale. Elle est toujours accessoire, en récidive. *V.* p. 47 à 51.—Dans le cas de la cinquième contravention de 2e classe, en récidive, l'amende est de 16 à 200 fr. *V.* art. 478-2°.

Amende (au profit de la commune).

			Code pénal.
0 à 10 fr.		Les mêmes(avec emprisonn.)	483
1 à 5 fr.		Contraventions de 1re classe.	471
0 à 5 fr.		Les mêmes, avec circonstances atténuantes (sans emprisonnement).	483

Peine accessoire.

Confiscation	(pièces d'artif.)	Tir d'artifice en lieu prohibé.	472
	(instrum.)	Abandon d'instrum. de délit, sur la voie publique.	—
	(instr. et enjeux.)	Tenue de jeux de hasard, *ib.*	—
(avec destruction).	(boiss. falsif.)	Débit de boissons falsifiées.	—
	(écrits ou dess.).	Publication immorales, ou sans nom d'auteur ou imprimeur.	—
	(mesures).	Emploi de mesures illégales.	481
	(instr. costum.).	Métier de devin, ou interprète de songes.	—

CORRECTIONS ET ADDITIONS

Page 15, ligne 13, délit de l'art. 194; *ôtez* le premier filet; cet article ne prononce pas la peine de l'emprisonnement.

Page 22, note *, ligne 5, p. 257, *lisez* p. 259.

Page 26, note **, ligne 2, p. 257, *lisez* p. 259.

Page 41, ligne 5. *Contrefaçon.* On peut soutenir que le tirage d'exemplaires au-dessus du nombre autorisé par l'auteur constitue le délit de contrefaçon; en effet, ce tirage a lieu *au mépris des lois sur la propriété des auteurs.* Si l'on ne veut pas admettre cette opinion, on reconnaîtra du moins que la loi devrait punir le fait dont il s'agit, puisqu'il viole la propriété littéraire, et que l'usage semble malheureusement le justifier aux yeux de bien des éditeurs. L'imprimeur qui fait le tirage excessif, sur l'ordre du libraire, malgré l'indication contraire de l'auteur, devrait être condamné comme complice.

Page 52, note *, ligne 4, J. B. S. P., *ajoutez* p. 262.

Page 71, 4e alinéa, ligne 2, 1488, *lisez* 1848.

TABLE DES MATIÈRES

CONTENUES DANS L'ANALYSE DU CODE PÉNAL.

4684 Imprimerie MAULDE ET RENOU, rue de Rivoli, 144.

CHEZ LE MÊME ÉDITEUR.

OUVRAGES DU MÊME AUTEUR.

Notes théoriques sur le Code civil, contenant l'explication de tous les termes juridiques, la discussion des questions de principes et l'application d'une *méthode nouvelle* qui rattache *tous* les articles, soit comme conséquences, soit comme exceptions, aux principes du droit ; 3 vol. in-8, de plus de 2,000 pages........ 19 fr. 50

Théorie du droit constitutionnel, esprit des constitutions de 1848 et de 1852, et des sénatus-consultes organiques, précédé d'un *Essai* sur le pouvoir constituant, et d'un *précis* historique des constitutions françaises ; 1 vol. in-8 de 810 pages........ 8 fr. 50

Commentaire sur la Charte de 1830, in-8........ 3 fr. »

Plan de constitution, in-8........ 1 fr. »

Manuel de logique judiciaire, ou Guide pour les thèses........ 2 fr. 25

Guide pour l'étude du droit, in-18, *troisième édition*........ 2 fr. 25

Méthode de lecture, in-8........ 2 fr. 25

Manuel de la saisie immobilière, in-8........ 2 fr. »

Cours de procédure civile, par J. B. S. P., refondu en partie et mis au courant de la législation, 2 vol. in-8........ 8 fr. »

Cours de droit criminel, par le même, mis au courant de la législation, in-8.... 4 fr. »

Tripier. — Les *Codes français*, contenant les textes officiels, la conférence des articles entre eux, et, sous chaque article, le texte des anciens édits, ordonnances, lettres patentes, etc., nécessaires pour son intelligence ; *quatrième édition*, 1852, 1 vol. in-8, *raisin collé*... 12 fr. »

Les mêmes in-32, édition diamant........ 6 fr. »

Carré (N.). — *La Taxe en matière civile*, suivie de notes et d'observations, par *Louis Tripier*, annotateur des Codes français. 1 fort vol. grand in-8........ 11 fr. »

Rodière et **Pont.** — *Traité du Contrat de mariage et des droits respectifs des époux, relativement à leurs biens*, ouvrage contenant en outre l'examen du droit d'enregistrement dans ses rapports avec les conventions matrimoniales. 2 forts vol. in-8........ 16 fr. »

Raynaud et **Dalloz** AINÉ. — *Traité de la Péremption d'instance en matière civile.* 1 vol. in-8........ 7 fr. »

Colmet-Daage. — *Leçons sur le Code de procédure civile*, formant le complément des Leçons de procédure civile de Boitard. 1 vol. in-8........ 7 fr. »

Boitard. — *Leçons sur le Code de procédure civile, publiées par G. de Linage ;* cinquième édition. 2 vol. in-8........ 15 fr. »

Boitard. — *Leçons sur les Codes pénal et d'instruction criminelle, publiées par G. de Linage ;* cinquième édition. 1 vol. in-8........ 7 fr. »

Toullier. — *Droit civil français* suivant l'ordre du Code ; sixième édition, annotée par *M. Duvergier.* 7 tomes en 14 livraisons in-8........ 70 fr. »

Chauveau. (ADOLPHE). — *Principes de compétence et de juridiction administratives*, etc. 3 vol. in-8........ 21 fr. »

Marcadé (VICTOR). — *Explication théorique et pratique du Code civil*, avec la critique des auteurs et de la jurisprudence, et un traité résumé après le commentaire de chaque titre : cinquième édition. 8 vol. in-8.

Six volumes sont en vente........ 48 fr. »

Chardon. — *Traité du Droit d'alluvion.* 1 vol in-8 avec 15 planches........ 8 fr. »

— *Traité des puissances* maritale, paternelle et tutélaire, 3 vol. in-8........ 24 fr. »

NOTA. — *Chaque volume, comprenant le Traité d'une de ces trois Puissances, se vend séparément.* 8 fr. »

Watteville. — *Législation charitable*, ou Recueil des lois, arrêtés, décrets, ordonnances et avis du conseil d'État, etc. ; deuxième édition. 1 vol. grand in-8........ 15 fr. »

— *Code de l'administration charitable*, ou Manuel des administrateurs, agents et employés des établissements de bienfaisance ; deuxième édition. 1 vol. in-8........ 7 fr. 50

Talandier. — *Traité de l'appel en matière civile.* 1 vol. in-8........ 7 fr. 50

Sellier. — *Manuel des Notaires.* 4 vol. in-8........ 55 fr. »

Reverchon. — *Des autorisations de plaider*, nécessaires au communes et aux établissements publics. 1 vol. in-8........ 7 fr. »

Domenget. — *Institutes de Gaius*, traduites et annotées, avec le texte en regard. 1 vol. in-8........ 5 fr. »

— *Traité élémentaire des Actions privées en droit romain.* 1 vol. in-18........ 4 fr. »

4666 Imprimerie MAULDE ET RENOU, rue de Rivoli, 144.

www.ingramcontent.com/pod-product-compliance
Ingram Content Group UK Ltd.
Pitfield, Milton Keynes, MK11 3LW, UK
UKHW020115240726
13926UKWH00011B/1488